Chuck Spezzano / Janie Patrick

Heilung des Körpers durch den Geist

Krankheit als körperlicher Ausdruck psychischer Störungen

via nova
Verlag Via Nova

Übersetzung aus dem Amerikanischen:
Ulrike Kraemer

Titelbild und Illustrationen:
Petra Kühne

Die Künstlerin wurde1964 in Frankfurt/Main geboren. Nach ihrem Studium der Soziologie an der Johann Wolfgang Goethe-Universität in Frankfurt war sie zunächst in Verlagen tätig, engagierte sich aber zunehmend als freie Illustratorin, bis sie sich ab 2003 ganz der künstlerischen Arbeit widmete. Seit der Veröffentlichung der *Geschichte vom kleinen Häschen Liebe* 1998 verbindet sie mit Chuck Spezzano eine langjährige Zusammenarbeit an verschiedenen Kartenprojekten. Die Künstlerin lebt und arbeitet in Eppstein im Taunus.

Originaltitel:
Healing the Body
Through Mind and Metaphor

4. Auflage 2009
Verlag Via Nova, Alte Landstraße 12, 36100 Petersberg
Telefon: (06 61) 6 29 73
Fax: (06 61) 9 67 95 60
E-Mail: info@verlag-vianova.de
Internet:
www.verlag-vianova.de
www.transpersonale.de

Satz: typo-service kliem, 97647 Neustädtles
Druck und Verarbeitung: Fuldaer Verlagsanstalt, 36037 Fulda

ISBN 978-3-936486-01-8

Dieses Buch ist Caitlin gewidmet,
in Dankbarkeit für ihre liebevolle Unterstützung
und dafür, daß sie eine immerwährende
Inspiration für mich ist.

Janie Patrick

Für Jonathan und Jeannie,
meinen Herzensbruder und meine
Heilerschwester.

Mit herzlicher Liebe,
Chuck Spezzano

Inhaltsverzeichnis

Das Ziel des Buches

Dieses Buch soll dir die Fähigkeit verleihen, dir selbst zu helfen, indem es dich lehrt, auf welche Weise dein Geist zu allen Zeiten durch die geheime Sprache deines Körpers zu dir spricht. Durch die Anwendung uralter Heilungsprinzipien wirst du die Fähigkeit erlangen, dein Bewußtsein zu stärken und Licht in unterbewußte Dynamiken zu bringen. Wenn du dich mit den grundlegenden Metaphern des Geistes identifizierst, kannst du auch die Probleme und Gefühle, die deiner Krankheit zugrunde liegen, mit größerer Leichtigkeit angehen und lernen, wie du deine verborgenen Konflikte lösen kannst. Du kannst die verborgenen Tagesordnungen deines Geistes aufdecken und transformieren, wenn du die Sprache der Symptome und Metaphern verstehst.

Jede Krankheit ist ein Fehler, eine Strategie des Ego, die entweder überhaupt keinen Erfolg haben kann oder nur unter größten Schwierigkeiten erfolgreich ist. Hinter jeder Krankheit liegt ein Geschenk verborgen, ein Schritt nach vorn und eine bessere Art zu leben. Kaum einmal findet man jemanden, der nicht das eine oder andere kleine, aber bohrende körperliche Problem hat, und viele von uns stehen, was ihre Gesundheit angeht, vor ziemlich großen Herausforderungen. Dieses Buch ist ein Beginn, den Körper durch den Geist zu heilen.

Einführung

Wir wurden dazu inspiriert, dieses Buch zu schreiben, als wir erkannten, daß wir den Menschen erfolgreich dabei helfen konnten, an ihren Krankheiten und Symptomen zu arbeiten. Viele Menschen berichteten, daß es ihnen sehr gut gelang, ein körperliches Problem zu heilen, nachdem sie gelernt hatten, ihren Geist entsprechend einzusetzen. Wir glauben, daß es zwischen unserem Geist und den Symptomen und Krankheiten, die unser Körper zum Ausdruck bringt, eine Verbindung gibt. Weil die Konflikte des Geistes im Körper ausgelebt werden, kann man den Körper heilen, indem man die Konflikte des Geistes heilt.

Psychology of Vision ist ein Heilungsmodell, das auf der Vorrangstellung von Beziehung und Führerschaft beruht. Es ermutigt uns, auf Menschen zuzugehen, die unsere Hilfe und Spiritualität brauchen. Dazu gehört auch, daß wir uns als spirituelle Wesen verstehen. Dieses Modell beruht auf Vision und Kreativität, auf Heilung und Erneuerung und darauf, daß wir unserer Lebensaufgabe gemäß leben. Es ist nicht nur wichtig, das Auto zu „reparieren", sondern es ist auch wichtig zu wissen, wohin das Auto fährt.

Psychology of Vision erkennt, daß es im Grunde genommen zwar nur zwei Aspekte unseres Geistes gibt, nämlich unser Ego und unser höheres Bewußtsein, daß es oft aber praktischer ist, die folgenden Begriffe zu verwenden, wenn wir von unserem Geist sprechen:

- *Der bewußte Geist:* Der bewußte Geist (oder das Bewußtsein) ist der Teil unseres Geistes, dessen wir uns bewußt sind. In einem alltäglichen oder allgemeinen Sinn trägt er zu dem bei, was geschieht. Zu diesem Teil unseres Geistes gehört die Kraft der Wahl, die unser größtes Geschenk ist. Der bewußte Teil unseres Geistes ist zugleich jedoch auch der kleinste Teil.
- *Der unterbewußte Geist:* Der unterbewußte Geist (oder das Unterbewußtsein) enthält alles, was seit unserer Empfängnis geschehen ist. Es ist in unserem Geist gespeichert, aber wir verbergen es vor uns selbst. Doch auch wenn es vergraben ist, hat es eine Wirkung auf uns. Wir vergraben das, was das Ego bedroht. Dazu gehören zum Beispiel Gefühle und Erfahrungen von Transzendenz, die das Ego bedrohen.

- *Der unbewußte Geist:* Der unbewußte Geist (oder das Unbewußte) enthält unsere persönlichen Seelenprobleme sowie das kollektive Unbewußte der Menschheit. Die Richtung unseres Lebens wird dadurch bestimmt, daß wir diesem tiefsten Teil unseres Geistes folgen. Der unbewußte Geist enthält nicht nur die Tagesordnung und Geschenke unserer eigenen Seele, sondern auch Ahnenmuster, Selbstbilder, Drehbücher unseres Lebens, Schattenfiguren und Archetypen sowie das Existential und die Begrenzungen der Menschheit, die von unserer gemeinsamen Realität herrühren. Außerdem birgt unser unbewußter Geist tiefe Erfahrungen von Schmerz oder Transzendenz.
- *Der überbewußte Geist:* Der überbewußte oder spirituelle Geist ist der uranfänglichste und zugleich verborgenste Aspekt unserer Existenz. Er spiegelt den Geist von innen wider, einen Geist, der ewig und von Licht und Liebe erfüllt ist, so, wie wir geschaffen wurden. Auf unserem Weg zurück zum Einssein reflektiert er unsere Beziehung zu Gott oder zu „Allem, Was Ist".

Psychology of Vision ist ein Weg der Verantwortlichkeit, der die Verantwortung für unser Leben und alles darin übernimmt. Dieser Weg verleiht uns Kraft. Er leugnet, daß Vorwurf und Schuld oder die Investition des Ego in Vorwurf und Schuld, die nur seiner eigenen Stärkung dient, die Wahrheit sind. Wenn wir die unnötigen Vorwürfe erkennen, die wir anderen Menschen für unsere eigenen Probleme machen, versucht unser Ego, uns die Schuld dafür zu geben. Es erkennt, daß Vorwürfe und Schuld zwei Facetten derselben Falle sind, wobei keines von beiden ultimativ wahr ist, auch wenn wir beide wahrnehmen. Dies müssen wir heilen, um Selbstangriff und Selbstbestrafung aufgeben zu können, denn sie gehören zu den grundlegenden Aspekten, die für eine Krankheit oder Verletzung notwendig sind. *Psychology of Vision* beruht auf der untrennbaren Verbindung zwischen Verantwortlichkeit und Unschuld, die uns die Fähigkeit verleihen, unsere Gesundheit wiederzuerlangen.

Heilung des Körpers durch den Geist enthält eine Reihe von Heilungsprinzipien und Übungen. Außerdem deckt das Buch eine Reihe von Schlüsseldynamiken des Geistes auf, die zu Krankheiten oder anderen Symptomen führen können. Wenn wir die Konflikte in unserem Geist heilen können, gewinnen wir die Kraft, uns von den Fesseln, den Beschwerden und den Schmerzen einer Krankheit zu befreien. Wenn wir uns der Schlüsseldynamik bewußt sind und wissen, wie wir sie überwinden können, kann uns auch bewußt werden, welche Probleme durch eine Krankheit zutage treten und wie wir sie angehen können.

Die Dynamiken des Geistes werden in Form von zwölf Prinzipien der Heilung und zwölf Dynamiken von Krankheit dargestellt. Dabei können viele verschiedene Dynamiken am Werk sein, und bei einer bestimmten Krankheit oder einem bestimmten Symptom gibt es manchmal gleich mehrere Schichten, die der Heilung bedürfen. Oft ist eine Dynamik ausgeprägter als eine andere, aber wenn wir für alle Dynamiken offen sind, hilft uns das zu erkennen, welche von ihnen bei einem bestimmten Problem ganz besonders ausgeprägt sind. Die Metapher für die Krankheit oder das Symptom kann uns zu einer Reihe offensichtlicher Probleme führen, die bei uns am Werk sind. Die Dynamiken der Krankheit werden zu den Werkzeugen, mit deren Hilfe wir die wirkungsvollste Methode zu ihrer Heilung erkennen können.

Wir hoffen, daß dieses Buch dir die Kraft schenken wird, dich selbst und andere zu erkennen und zu lieben, so daß du die Ablenkung, Verzögerung und Schwere körperlicher Probleme mit Leichtigkeit überwinden kannst.

Am Ende des Buches findest du eine alphabetisch geordnete Auflistung der in diesem Buch behandelten Krankheitsbilder und Körpersymptome sowie ein Stichwortverzeichnis, das dir helfen kann, zu auftauchenden Fragen und Gesundheitsproblemen die wichtigsten Aussagen zu finden.

1. Kapitel
Metaphern verstehen

Warum erfahren wir in unserem Körper bestimmte Symptome, andere hingegen nicht? Ist Krankheit bloßer Zufall, oder haben die Krankheiten, an denen wir leiden, eine bestimmte Ordnung und Bedeutung? Gibt es zwischen dem, was in unserem Geist vor sich geht, und den Symptomen, die wir erfahren, eine Verbindung?

Es gibt eine Verbindung zwischen dem Geist und den Symptomen, die unser Körper zum Ausdruck bringt. Diese Symptome können wir verstehen, und sie geben uns äußerst wichtige Hinweise zur Dynamik einer Krankheit. Indem wir die Konflikte des Geistes heilen, können wir auch die Symptome des Körpers heilen. In diesem Modell ist der Körper ein neutrales Objekt, und wenn man ihn sich selbst überlassen würde, wäre er gesund. Wenn es in unserem Geist einen Konflikt gibt, verlagern wir diesen in unseren Körper. Man könnte es damit vergleichen, daß wir eine Auseinandersetzung mit unserem Vorgesetzten haben, aber unserem Hund einen Fußtritt versetzen, wenn wir nach Hause kommen. Die Symptome, die wir in unserem Körper erfahren, können geklärt und geheilt werden, indem wir die Konflikte des Geistes lösen. Die Symptome und Krankheiten, die wir durch unseren Körper zum Ausdruck bringen, zeigen uns den psychologischen Prozeß, der ihnen zugrunde liegt und an dem unser Geist arbeitet. Somit können wir unseren Körper als eine Metapher des psychologischen Prozesses deuten, der in unserem Geist stattfindet. Die Symptome, die wir zum Ausdruck bringen, können als Zugangsmöglichkeit genutzt werden, um die zugrunde liegenden Probleme zu verstehen, die der Heilung bedürfen.

Das Prinzip ist einfach: Wir sind Geschöpfe von Symbol und Metapher. Da unser Leben die Geschichte ist, die wir erzählen, wird unser Körper sowohl zu einer Landkarte als auch zu einer Metapher für das, was wirklich der Heilung bedarf. Unser Körper erfüllt das Drehbuch mit Leben, das unser Geist ihm zugedacht hat. Wenn wir lieblos mit ihm umgehen, wird er dies entsprechend widerspiegeln, indem er zu einem Ziel für Krankheiten wird. Wenn wir ihn benutzen, um eine Angriffshaltung zum Ausdruck zu bringen, Vergnügen zu suchen oder ihn als Objekt des Stolzes zur Schau zu stellen, dann gefährden wir unseren Körper, der eigentlich ein Werkzeug des Lernens und der Kommunikation ist. Konflikte des Geistes werden im Körper ausgelebt. Da wir viele Abwehrmechanismen wie Verleugnung, Unterdrückung und Projektion einsetzen, um unsere Konflikte zu verbergen, täuschen wir uns selbst hinsichtlich der Emotionen und Probleme, vor denen wir stehen. Wenn das geschieht, wird der Konflikt in unserem Körper in eine Form gebracht, die auf metaphorische Weise zum Ausdruck bringt, worum es bei dem Problem – oder zumindest bei einem Teil des Problems – geht. Auf diese Weise wird die Wurzel jeder Krankheit ins Unterbewußtsein verbannt. Bei einer Krankheit oder Verletzung sind wir uns des wahren Problems, um das es geht, entweder kaum oder gar nicht bewußt.

In *Heilung des Körpers durch den Geist* betrachten wir den Körperteil, der betroffen ist, und die Symptome, die wir erfahren, auf eine metaphorische Weise. Es ist wichtig zu wissen, daß in Träumen und im Unbewußten sehr oft Wortspiele verwendet werden. Eine Metapher kann identifiziert werden, indem man den Namen des Körperteils, seine Funktion oder beides betrachtet. So geht es bei jedem Problem mit unseren Haaren, die eine schützende Funktion haben, zum Beispiel um Gefühle der Verwundbarkeit in einem bestimmten Bereich unseres Lebens. Es kann auch auf eine „haarige" Erfahrung hinweisen, ein umgangssprachlicher Ausdruck für verrückt, profund, seltsam oder auch „schwer".

Metaphern und Kommunikation

Wir sind Geschöpfe, die Geschichten erzählen, und wir verwenden Zeichen, Symbole und Metaphern, um zu kommunizieren. Unser Geist basierte ursprünglich einmal fast ausschließlich auf Zeichen, Symbolen und Metaphern. Wir sind Mythenerzähler, und wir leben sowohl mit persönlichen als auch mit kollektiven Mythen. Wir leben nach den Drehbüchern und Geschichten, die wir schreiben. Die meisten unserer Geschichten, insbesondere die dunklen, bestimmen unser Leben, ohne daß wir uns dessen bewußt sind.

Jede Metapher ist symbolisch, und jedes Symbol ist ein Zeichen, das zugleich eine Bedeutung und ein Gefühl in sich trägt. Wenn die

Symbole, die wir verwenden, entziffert werden können, dann ist das nur ein weiterer Anhaltspunkt, der uns dabei helfen kann, unseren Weg zur Heilung zu finden. Wir erlangen größere Verantwortung und auch die Fähigkeit, uns selbst zu helfen. Außerdem ist es ein Hinweis darauf, daß Krankheit mehr ist als ein zufälliges Ereignis. Es ist wichtig, daß wir nicht nur erkennen, was die Krankheit selbst bedeutet, sondern auch, was die Symptome zum Ausdruck bringen wollen. So können wir lernen, unseren Körper besser zu verstehen, so daß wir eingreifen und eine positivere Richtung einschlagen können.

Wir sind Geschöpfe des Wortes, und unsere Wahrnehmung erfolgt durch die Symbole unserer Sprache. Wie der Geist der Träume, so hat auch das Unbewußte seine eigene metaphorische Sprache. Wenn Probleme verleugnet werden, so werden sie trotzdem in Form von Metaphern für den Körper und durch Krankheit zum Ausdruck gebracht.

Alles im Leben ist Kommunikation. Alles, was wir tun, und alles, was uns geschieht, ist eine Form von Kommunikation, ganz besonders mit den Menschen in unserem Umfeld, die uns wichtig sind. Wir leben in einer symbolischen Welt, die voller Geschichten, Drehbücher, Mythen und Metaphern ist. Unser Ego wie auch unser höheres Bewußtsein sind an den Ereignissen beteiligt, doch sie weisen ihnen unterschiedliche Bedeutungen zu. Die Strategie des Ego besteht darin, zu nehmen, anzugreifen oder seine eigene Position zu stärken. Das höhere Bewußtsein will heilen oder geben. Wir können jedem Führer folgen, für den wir uns entscheiden. Wir können uns nur nicht für beide gleichzeitig entscheiden, denn sie haben unterschiedliche Ziele, und aus diesem Grund unterscheiden sich auch die Wege, die sie einschlagen, um ihr jeweiliges Ziel zu erreichen. In jeder Situation haben wir die Wahl, welchem Weg und welcher Führung wir folgen wollen, und am Ergebnis wird sich zeigen, auf wen wir gehört haben. Der Weg unseres Ego führt zu Trennung und Selbstgerechtigkeit, während unser höheres Bewußtsein uns zu Kreativität und Lösungen führt. An jedem Punkt unseres Weges können wir wählen, welchem Meister wir dienen wollen. Unser Ego hat alles verdrängt, was es bedroht, obwohl einige der Dinge, die das Ego bedrohen, uns in Wirklichkeit nützlich sein könnten. Alles, was verdrängt wurde, hat immer noch Einfluß auf uns, ganz gleich, ob wir uns dessen bewußt sind oder nicht. Wir können uns gar nicht an all die Dinge erinnern, die wir verdrängt haben. Diese sorgen dafür, daß wir erfolglos, reaktiv und defensiv bleiben und daß wir uns schlecht fühlen, ganz zu schweigen von der enorm großen Menge an Energie, die notwendig ist, um uns gegen diese verborgenen Dinge zu verteidigen und sicherzustellen, daß sie auch verborgen bleiben. Was verborgen ist, erzeugt Illusionen, falsche Schritte, Fehler und eine Tagesordnung, die anders ist und manchmal völlig im Gegensatz zu dem steht, was wir uns bewußt wünschen. Das kann weder für unseren Körper noch für unsere Psyche gut sein.

Es ist nun aber nicht nur so, daß das ganze Leben und die Welt Kommunikation sind. Einzelne Schichten dieser Kommunikation laufen auch gleichzeitig ab. Abhängig von unserer Bewußtseinsstufe und unserer Bereitschaft, hinzuschauen, wird uns dies offenbar.

Das Universum entfaltet sich vor unseren Augen, und es offenbart seine Geheimnisse und seine Geschichten in Übereinstimmung mit der Tiefe des Schauenden. In gleicher Weise sind unser Körper und die Welt, die wir erfahren, ein Spiegel unseres Geistes mit seinem sich entfaltenden Prozeß. In gewisser Weise ist das, was in unserer Welt und unserem Körper geschieht, eine Kommunikation, die an uns selbst, an Menschen, die uns wichtig sind, an die ganze Welt und an Gott gerichtet ist. Sie kommunizieren fortwährend mit uns.

Es ist leicht, die Augen bewußt vor dem zu verschließen, was in unserem eigenen, persönlichen Prozeß geschieht; und noch leichter ist es, sich dessen nicht bewußt zu sein, was auf der Ebene des Weltprozesses geschieht. Wenn wir nicht gerade blind sind, leben wir das Leben eines Zyklopen, von jeder Realität bedroht, die nicht dem Status quo entspricht, wie wir ihn sehen und definieren. Doch die Welt existiert in einer Vielfalt reicher Kommunikation, und flüsternd erzählt sie uns von den vielen Ebenen, die es im Leben gibt.

Überall, wo es Leben gibt, findet Kommunikation statt. Überall, wo es Kommunikation gibt, nimmt das Bewußtsein zu, und wir können es nutzen, um uns in eine erfolgreiche Richtung zu bewegen. Wo Kommunikation transformiert und Brücken baut, finden sich Motivation, Veränderung und Wachstum. Wo Kommunikation zwischen der Tiefe des Seins und unserem Wesen stattfindet, wird die Wahrheit umarmt und verkörpert, und wir sind geheilt, glücklich und frei.

Schichten der Sprache

Die Schamanen eingeborener Völker haben schon vor langer Zeit erkannt, daß es in der Sprache eine Reihe verschiedener Schichten gibt, die alle gleichzeitig aktiv sind. Durch erfolgreiches Navigieren der Metaphern und Symbole des unbewußten Geistes in seiner Einfachheit und Tiefe haben sie Zugang zu magischen Ebenen der Kraft, der Heilung und der Transzendenz erlangt. Auch einige Therapeuten und Therapiemodelle haben viele dieser Schichten erkannt. Alle Kommunikationsschichten können entweder neutral sein, wie bei der Weitergabe von Informationen, oder sie können eine richtig oder falsch gerichtete Denkweise widerspiegeln.

Die grundlegenden Kommunikationsebenen sind:

- alltäglich
- sexuell
- wahre Macht oder politisch
- angreifend oder helfend
- selbsterhöhend oder verbindend
- schamanisch
- spirituell

Alltäglich ist eine konventionelle Ebene übereinstimmender oder vereinbarter Realität. Auf dieser Ebene werden Informationen weitergegeben und unbesehen geglaubt.

Sexuell ist eine Kommunikationsebene, die Anziehungskraft und Flirt erkennt. Sie ist ein Reich voll versteckter Anspielungen und Zweideutigkeiten, das suggestiv durch Worte, Klang und Körpersprache spricht. Integrität, Authentizität und Angemessenheit auf dieser Ebene hängen davon ab, wie groß die Verbundenheit ist. Mit Verbundenheit werden die sexuelle Energie und Kommunikation durch Liebe, Kreativität und unsere Aufgabe auf natürliche Weise gebündelt, neu kanalisiert und in die richtige Perspektive gebracht.

Die Kommunikationsebene von wahrer *Macht* oder *Politik* ist ein Kontinuum, bei dem es um die Übertragung von Macht geht, und zwar entweder in bezug auf die Wahrheit oder in bezug darauf, wer der Boss ist. Es ist ein ständiges Gerangel und ein ständiger Wettkampf um Macht, und die Schlüsselfaktoren haben etwas mit dem Abmessen von Beherrschung und Unterwerfung zu tun. Der Körper ist Kommunikation und Metapher zugleich, und alles, was mit ihm zu tun hat, ist politisch und wird eingesetzt, wenn es um Gewinnen oder Verlieren geht. Befähigung[1] hingegen beruht auf wahrer Macht und auf dem Prinzip der Gleichheit. Sie erkennt, daß wahre Macht andere Menschen dazu befähigt, ihr bestes Selbst zu sein, während sie zugleich uns selbst in noch größerem Maße Befähigung verleiht.

Die *angreifende* oder *helfende* Ebene ist ein Kontinuum, das auf unserer allgemeinen Geisteshaltung oder Richtung basiert. Entweder greifen wir andere an, und in diesem Fall sind wir ein Teil des Problems, oder wir helfen anderen und sind somit ein Teil der Lösung. Entweder gehen wir in die Richtung von falscher Denkweise, Werturteil, Zorn, Vergeltung, Angst, falscher Wahrnehmung, Negativität, Angriff, Selbstangriff oder Tod, oder wir gehen in Richtung Leben, verbunden mit Verständnis, Mitgefühl, Dienen und dem allgemeinen Wunsch, anderen Menschen zu helfen. Krankheit bringt immer die Kommunikationsform des Angriffs zum Ausdruck.

Die *selbsterhöhende* oder *verbindende* Ebene ist ein Kontinuum, das beschreibt, wie sehr wir das Gespräch benutzen, um Aufmerksamkeit zu bekommen oder zu nehmen. Zur *Selbsterhöhung* gehört immer eine Ebene von Nehmen und Bekommen, und sie geht immer mit Narzißmus und Selbstverherrlichung einher. Beide führen zu Trennung. Bei der *Verbundenheit* hingegen geht es darum, in welchem Maße wir Kommunikation benutzen, um zu teilen oder zu geben, wie sehr wir aus uns herausgehen, um uns mit einem anderen Menschen zu verbinden.

Die mit der Selbsterhöhung verbundene *Selbstverherrlichung* zeigt auf, inwieweit wir das, was geschieht, benutzen, um uns selbst aufzubauen oder zu demontieren. Ganz gleich, was auch geschieht, die Scheinwerfer sind stets auf uns gerichtet. Auch wenn uns Negatives zustößt, wird uns Aufmerksamkeit zuteil, und wir erlangen eine dunkle Art von Ruhm. Das baut unser Ego auf, und es verstärkt unsere Trennung und unsere Probleme. Wenn wir hingegen in Richtung *Verbundenheit* gehen, benutzen wir die Kommunikation, um uns einander näherzubringen und weiterzugehen.

Schamanisch ist die Ebene des symbolischen, metaphysischen Prozesses. Auf dieser Ebene sind Sprache, Energie, Ritual und Glaube im

1 Anm. der Übersetzerin: Hier benutzt der Verfasser ein Wortspiel, das auf dem Begriff *power* (Macht) und dem daraus abgeleiteten Begriff *empowerment* (Befähigung, auch Vollmacht oder Ermächtigung) beruht.

unbewußten Geist aktiv, der einfacher und ursprünglicher ist. Dadurch können wir über die konventionelle Welt hinaus in eine Welt gelangen, welche die natürlichen Gesetze der alltäglichen Existenz transzendiert. Dies ist eine Ebene visionärer Bewußtheit und medialer Gaben. Mit der Kraft des Geistes werden Aspekte einer übereinstimmenden Realität transformiert. In der Regel geschieht dies, um zu helfen, obwohl diese Kraft zuweilen auch eingesetzt wurde, um Schaden anzurichten.

Die *spirituelle* Ebene ist die Ebene der Liebe, des Lichts und des Einsseins. Sie ist die Erkenntnis, daß wir alle Kinder Gottes sind, Teil der Liebe und des Lichts von *Allem, Was Ist*. Diese Kommunikationsebene erkennt jeden automatisch als spirituelles – und daher heiliges – Wesen, ungeachtet seines nach außen gerichteten Verhaltens. Sie stellt die *Goldene Regel* in Beziehungen automatisch wieder her.

Der Körper als Leinwand metaphorischer Kommunikation

Unser Körper ist das Buch, in das unser Leben geschrieben wird. Er ist eine Tafel, die das Drehbuch ankündigt, das unser Geist aus einem ganz bestimmten Grund schreibt. Wir können unseren Körper benutzen, um unser Ego zu stärken, wir können ihn aber auch als Werkzeug des Lernens, der Kommunikation und der Liebe einsetzen.

Unser Körper ist wie eine Leinwand, auf die wir die Filme unseres Geistes projizieren. Einen Konflikt in unserem Geist leben wir nicht nur in unserer Außenwelt aus, sondern auch in unserem Körper. Wenn wir ihn in unserem Körper ausleben, haben wir sowohl den Konflikt selbst als auch seine negativen Emotionen vor uns verborgen. Da wir uns ganz natürlich dagegen wehren, emotionalen Schmerz zu spüren, tun wir alles, was in unserer Macht steht, um ihn von uns fernzuhalten oder abzuwehren. Wenn wir aber den Konflikt unterdrücken oder verdrängen, statt uns mit ihm auseinanderzusetzen, wird er auf metaphorische Weise trotzdem in unserem Körper ausgetragen und teilt sich durch unseren Körper mit.

Weil wir Konflikte nicht ertragen können, vergessen wir die Seite des Konflikts, die wir am wenigsten erkannt haben. Diese Seite projizieren wir als Problem dann entweder auf die Welt, auf unseren Körper oder auf beide. Das trägt natürlich nicht dazu bei, den Konflikt zu lösen. Die Schlacht in unserem Inneren tobt weiter und erzeugt Angst. Das Problem muß sich mitteilen, auch wenn wir mit unseren Abwehrmechanismen von Verleugnung, Trennung und Verdrängung so tun, als sei alles in bester Ordnung.

Wenn wir krank sind, verleugnen wir etwas. Wir haben Dinge vor uns selbst verborgen. Das Ausmaß der Krankheit zeigt gewöhnlich, wie tief der Konflikt sitzt. Gesundheitliche Probleme spiegeln unterbewußte oder unbewußte Angelegenheiten wider, und weil wir unsere Probleme abgeschnitten und verdrängt haben, verfangen wir uns in unserer eigenen Selbsttäuschung. Krankheit und Verletzung stehen für verborgene Negativität, emotionalen Schmerz, falsche Wahrnehmung und Werturteil.

Krankheit ist immer mit Angriff und Selbstangriff verbunden, und zugleich ist sie ein Ruf nach Hilfe und Liebe.

Sprache und Metapher

Worte sind Symbole für Symbole, und wir sind Geschöpfe dieser Symbole. Wir nehmen die Welt durch Sprache wahr. In einigen spanischsprechenden Ländern sieht man jede neue Sprache, die man erlernt, als eine neue Seele an, die man gewonnen hat. Durch die Art, wie wir sprechen, und die Worte, die wir benutzen, werden einige der Schlüsselprobleme bei einer Krankheit zum Ausdruck gebracht. Wie in der Sprache der Träume werden auch die Metaphern für unseren Körper und unsere Krankheiten sehr häufig durch Wortspiele zum Ausdruck gebracht. Wenn du ein Ohr für Wortspiele hast und sie auf den Körper und auf Symptome anwendest, wirst du problemlos die Tür öffnen können, die dich zu den tieferen Ebenen deines Geistes und zu dem führt, was er dir im Hinblick auf das Problem mitteilen will.

Im gesamten Buch betrachten wir immer wieder die Metapher für den Körperteil, der betroffen ist, und für das Symptom, das wir erfahren. Die Metapher identifizieren wir, indem wir den Namen des Körperteils, seine Funktion oder auch beides betrachten. So besteht die

Funktion des Kopfes, der die Kommandozentrale unseres Körpers ist und die Sinne des Sehens, Hörens, Schmeckens und Riechens beherbergt, zum Beispiel darin, das Gehirn zu schützen.

Die wichtigsten Wortspiele für den Kopf sind:

- Kopfverletzung – steht für Richtung: „Wir gehen in die falsche Richtung!"[2]
- Kopfschmerz – steht für Frustration: „Worüber zerbrichst du dir den Kopf?"
- „Watte im Kopf", Kopfgrippe oder verstopfter Kopf – steht für „nicht loslassen".

Indem wir die Metaphern für beides – Sprache und Symbol – untersuchen, gewinnen wir Hinweise darauf, was in unserem Geist vor sich geht. Da jede Sprache ihre eigene Umgangssprache und ihre eigenen Metaphern und Wortspiele besitzt, müßtest du einmal herausfinden, wie deine eigene Muttersprache bestimmte umgangssprachliche Formulierungen und Wortspiele ausdrückt, die zu der Art und Weise passen, in der dein Körper kommuniziert. Bestimmte Körpersymbole sind allgemeingültig, aber es ist auch richtig, daß eine symbolische Sprache, die in genauem Gegensatz zur Sprache unseres eigenen Landes steht, trotzdem auch für uns wirksam sein kann. So können die unterschiedlichen Sprachen mit ihren jeweiligen Wortspielen uns unterschiedliche Einblicke in die vielen Dynamiken einer Krankheit gewähren. Wenn eine Dynamik zusammenbricht oder geheilt wird, kann die Krankheit abklingen. Auch für Menschen, die eine bestimmte Sprache noch niemals benutzt haben, kann das Metaphernsystem dieser Sprache hilfreich sein. Eine Metapher, die in einer bestimmten Sprache Kraft und Überzeugung besitzt, kann auch eingesetzt werden, um Menschen aus einem anderssprachigen Land zu helfen.

Ich möchte ein Beispiel für die Verwendung von Metaphern geben, deren Ursprung in völlig unterschiedlichen Heilungsmodellen liegt, die aber ähnlich großen Erfolg haben. Sowohl *Psychology of Vision* als auch NLP (neurolinguistische Programmierung) und die *Time Line Therapy* arbeiten mit wirkungsvollen Methoden, um Ahnenprobleme zu heilen, die an uns weitergegeben wurden. Vor einer Reihe von Jahren hörte ich jedoch, daß ein Priester in Großbritannien bei der Hei-

2 Anm. der Übersetzerin: Im Englischen heißt es: „We are *heading* in the wrong direction!" *Head* = Kopf. Im Deutschen würde man sagen: „Wir wollen mit dem *Kopf* durch die Wand."

lung von Ahnenproblemen, die in der Gegenwart auftraten, gleichermaßen erfolgreich war. Sein Erfolg beruhte darauf, daß er für Ahnen, die gestorben und in ungeweihtem Boden begraben worden waren, eine Zeremonie abhielt. Diese Metapher beruhte auf einem gänzlich anderen Heilungsmodell, war aber – den Berichten nach zu urteilen – genauso wirkungsvoll wie die anspruchsvollen psychologischen Modelle.

Wir werden die Symptome unseres Körpers als eine Form der Kommunikation betrachten, die wir an die Außenwelt richten. Um eine Krankheit voll und ganz zu verstehen, müssen wir auch ihren Kontext verstehen. Es gibt einen Grund dafür, warum wir ein bestimmtes Symptom oder eine bestimmte Krankheit *zu dieser bestimmten Zeit* zum Ausdruck bringen. Wenn du die Aufgabe oder die Bedeutung verstehst, die eine Krankheit *jetzt* zum Ausdruck bringt, beginnst du auch zu verstehen, wie die Kommunikation zwischen Geist und Körper funktioniert. Anhand der Krankheit oder der Symptome studieren wir die Funktion des betroffenen Körperbereichs, die Art des auftretenden Symptoms und den physiologischen Prozeß der Krankheit. Das wird uns helfen, den psychologischen Prozeß und die ihm zugrundeliegenden Probleme des Geistes zu identifizieren und herauszufinden, welche Konflikte und Emotionen wir zum Schaden unseres Körpers verborgen haben.

Metaphern zur Heilung benutzen

In unserer Welt, die so reich an Symbolen ist, kann es sehr hilfreich sein, wenn wir eine heilende Metapher elegant und zartfühlend einsetzen. Das Prinzip gleicht dem der Hypnose. Wenn wir eine Metapher so mit einem Problem verbinden, daß die Metapher dem Problem gleichgesetzt ist, und dann die Metapher verändern, verändert sich auch das Problem. Wenn wir die Metapher einer Krankheit oder eines bestimmten Körperteils erkennen, können wir verstehen, was wir vor uns selbst verborgen haben, das nun kommuniziert werden soll. Wenn wir uns wirklich auf die Metapher einlassen und das Problem und die Emotionen verstehen, können wir den verborgenen Konflikt erfolgreich lösen. Wenn wir die Metapher verstehen, können wir uns der

Dinge bewußt werden, mit denen wir uns befassen müssen und die der Heilung bedürfen.

So kann Flüssigkeit im Knie zum Beispiel einen emotionalen Druckaufbau in bezug auf ein Problem symbolisieren, bei dem es um Entscheidung oder Bindung geht. Sie kann eine Angst widerspiegeln, daß bestimmte Bedürfnisse nicht erfüllt werden, wenn wir in unserer Beziehung oder beruflichen Laufbahn bestimmte Entscheidungen treffen. Der Ursprung des Problems liegt in einer ungelösten Angelegenheit, die den emotionalen Druckaufbau hervorgerufen hat. Die Metaphern sind:

- Flüssigkeit weist – in der Reihenfolge ihrer Wichtigkeit – auf emotionale, sexuelle oder spirituelle Angelegenheiten hin. Die Flüssigkeitsansammlung spiegelt die Emotion wider, an der wir festhalten. Flüssigkeit steht besonders für Trauer und Verlust.
- Verlust und Trauer sind dynamisch an Angst und Bedürfnisse gebunden. Im Englischen gibt es das Wortspiel von „knees“ (Knie) und „needs“ (Bedürfnisse)[3]. Wo es aus der Vergangenheit Verlust oder unerfüllte Bedürfnisse gibt, da wird es in der Zukunft Angst geben. Ein Mensch, der „weiche Knie“ hat, ist jemand, der keine Entscheidung treffen oder keine Bindung eingehen kann.
- Knie stehen für Ausstrahlung und Bindung. Ein Problem mit den Knien weist auf unerfüllte Bedürfnisse und Probleme mit Entscheidungen und Bindung hin.

In diesem Buch haben wir die unterschwelligen Probleme identifiziert, die naheliegende psychologische Ursachen für ein Symptom, eine Krankheit oder ein Körperteil sind. Wenn wir lernen, metaphorisch zu denken, können wir dank des Reichtums des menschlichen Geistes und unserer Symbole beginnen, unsere eigenen Entdeckungen zu machen.

Hat eine Krankheit sich einmal im Körper manifestiert, wurde die Wurzel des Konflikts bereits verdrängt oder unter einigen Schichten von Leugnung oder Konflikt verborgen. Es ist durchaus möglich, daß während des Heilungsprozesses mehrere Schichten aufgelöst werden müssen. Wir müssen uns dessen, was wir vor uns selbst verborgen haben, wieder neu bewußt werden.

---

3 Anm. der Übersetzerin: Zwischen den beiden Wörtern besteht eine phonetische Ähnlichkeit, die darauf beruht, daß bei *knees* das „k“ stumm ist und bei *needs* das „d“ nur ganz weich ausgesprochen wird.

2. Kapitel
Das Herz der Heilung

Wenn wir uns auf ein Prinzip konzentrieren sollten, das uns am wirkungsvollsten dabei unterstützen kann, uns selbst zu heilen, dann wäre dieses Prinzip die Liebe. Zur Liebe gehören alle positiven Heilungsprinzipien wie Verbundenheit, Selbstliebe, Vergebung, Akzeptanz, Vertrauen, Wahrheit, Verbindung, Integration, Verständnis, Bindung, Hilfe, Ausdehnung, Teilen, Einfühlungsvermögen, Intimität, Freude, Geben, Empfangen, Kreativität und Glück.

Liebe

Jedesmal, wenn wir jemanden lieben, beenden wir ein kleines Stück der Trennung, die zu unserer Krankheit geführt hat. Trennung ist eine Schlüsseldynamik. Sie ist nicht nur ein Teil jeder Krankheit, sondern auch ein Teil jedes Problems. Indem wir uns mit den Menschen, die uns nahestehen, verbinden – von Geist zu Geist, von Herz zu Herz und von Seele zu Seele –, helfen wir den Menschen, die wir lieben, und auch uns selbst, einschließlich des Menschen, mit dem wir uns verbunden haben.

In unserem Leben kann es kein Problem – und auch keine Krankheit – geben, es sei denn, wir haben lieblos über einen anderen Menschen gedacht. Er mag uns falsch behandelt oder sich dumm verhalten haben, aber wenn wir uns als Reaktion darauf genauso verhalten, machen wir die Situation nur noch schlimmer und verletzen uns selbst. Die Chance, die Situation besser zu machen, liegt noch vor uns. Wenn wir den anderen lieben und uns jedesmal, wenn wir an ihn denken, von Geist zu Geist mit ihm verbinden, kann dies sehr schnell eine große transformierende Wirkung haben. Wenn wir diese Beziehung auf allen Ebenen geheilt haben, sind wir frei von schwerem und zuweilen verborgenem Selbstangriff. Das kann geschehen, wenn wir dem betreffenden Menschen jedesmal Liebe senden, wenn wir an ihn denken. Es ist sogar dann möglich, wenn dieser Mensch gestorben ist, denn wir brauchen seinen Körper nicht, um ihn zu lieben. Wir verbinden uns mit ihm, bis wir die Liebe spüren können. Wir verbinden uns mit ihm von Geist zu Geist, bis wir die Freude spüren. Die Beziehung, der Mensch, mit dem wir Probleme haben, und sogar unsere Beziehung zu uns selbst werden nicht besser werden, solange wir nicht mit Liebe helfen. Menschen verändern sich nicht, werden nicht besser und werden auch nicht gütig und liebevoll, wenn man sie nicht unterstützt. Wenn wir in Liebe die Hand nach ihnen ausstrecken, können wir für sie und für uns selbst ein Wunder geschehen lassen.

Der nächste und alles entscheidende Aspekt der Liebe ist die Selbstliebe. Es gibt keine Krankheit, deren Ursprung – psychodynamisch betrachtet – nicht in einem Selbstangriff oder einem Mangel an Selbstliebe liegt. Wenn wir uns selbst lieben und uns wieder mit uns selbst verbinden, lösen sich in der erneuten Bindung, die wir zu uns selbst eingehen, all die verleugneten, negativen Emotionen und Konflikte auf, die zu der Krankheit geführt haben. Manchmal ist es hilfreich, wenn wir uns vorstellen, daß wir uns jetzt und während der wichtigen Zeiten in unserem Leben, in denen wir gespürt haben, daß wir Liebe brauchen, selbst im Arm halten und uns lieben. Wir können uns auch vorstellen, daß Gott hinter uns ist, uns liebt und uns im Arm hält, während wir uns selbst jetzt oder in der Vergangenheit liebevoll im Arm halten. Es gibt kein Problem, das Liebe oder Selbstliebe nicht heilen können.

Prinzipien der Heilung

Die Prinzipien der Heilung können eingesetzt werden, um die verborgenen Konflikte zu heilen, die zu Krankheit führen. Wenn du eines oder mehrere dieser Heilungsprinzipien anwendest, wird das den Heilungsprozeß unterstützen, ganz gleich, welche Krankheit oder welche Symptome du erfährst. Wenn du eines dieser Prinzipien ganz und gar umsetzen kannst, kann eine Besserung der Krankheit eintreten.

Loslassen

Loslassen ist ein Prinzip der Heilung, das uns dabei helfen kann, durch ein Problem hindurchzugehen. Unter jeder Krankheit verbirgt sich Verhaftung, und das Ausmaß der Krankheit ist das Ausmaß, in dem wir festhalten. Wir haben ein Bedürfnis, von dem wir glauben, daß es erfüllt wird, wenn wir an etwas aus der Vergangenheit festhalten, von dem wir das Gefühl haben, daß es uns fehlt. Wir versuchen, dieses Bedürfnis erfüllt zu bekommen, indem wir festhalten, obwohl das, woran wir festhalten, vielleicht gar nicht mehr existiert. Das Bedürfnis, an dem wir festhalten, kann dazu führen, daß wir uns gehen lassen und abhängig werden. Schließlich wird es zu einem Götzenbild, von dem wir glauben, daß es uns retten und glücklich machen wird. Irgendwie, so glauben wir, wird unsere Verhaftung unsere Bedürfnisse erfüllen. Es sind jedoch genau dieses Festhalten und die damit einhergehende Phantasievorstellung, die uns daran hindern weiterzugehen. Die Bedürfnisse, Forderungen und Erwartungen, die immer ein Teil des Festhaltens sind, blockieren unsere Fähigkeit zu empfangen. Unser Festhalten und seine sinnlosen Methoden führen zu einem Stillstand und bringen uns dazu, daß wir in Richtung Tod gehen.

Wenn wir bereit sind, das, woran wir festhalten, zu finden und loszulassen, können wir frei werden und weitergehen. Wenn wir die Illusionen und Phantasievorstellungen loslassen, an denen wir festgehalten haben, kehren wir in den Fluß des Lebens zurück. Nun, da wir losgelassen haben, sind wir paradoxerweise frei, um zu empfangen.

Es kann uns heilen und uns zum nächsten Schritt in unserem Leben führen, wenn wir die Verhaftung loslassen, die unsere gesundheitlichen Probleme verursacht hat. Wenn unser Herz sich weigert weiterzugehen, hält unsere Verhaftung uns in unserem Leben zurück. Festhalten hält uns dort gefangen, wo wir sind. Es bindet unsere Energie und bewirkt, daß wir uns vom Bereitsein und vom Leben abwenden. Loslassen bringt uns auf eine ganz neue Weise voran. Das Prinzip des Loslassens besagt, daß immer dann, wenn wir etwas wirklich loslassen, etwas Besseres kommen wird, um seinen Platz einzunehmen.

Heilende Übung: Loslassen

Entspanne dich, und atme tief ein und aus, um deinen Geist zu klären. Beantworte die folgenden Fragen dann ganz spontan:

- *Wenn du wüßtest, was oder wen du nicht loslassen willst, dann wäre es:*

____

____

____

- *Wenn du wüßtest, in welcher Weise es dir dient, an dieser Situation oder diesem Menschen festzuhalten, dann deshalb, weil du folgendes nicht tun mußt:*

____

____

____

- *Wenn du wüßtest, was dein Festhalten dir zu tun erlaubt, dann ist es wahrscheinlich:*

____

____

____

Bitte bei diesem Prozeß des Loslassens um Hilfe. Lege das, woran du festhältst, in deine Hände und biete es dem Leben dar. Spüre, wie das Universum diese Verhaftung von dir nimmt, und spüre, wie du diesen Menschen, diesen Ort oder diese Sache, die du getragen hast, bereitwillig losläßt. Erkenne, daß du diese Verhaftung nicht länger brauchst und daß das, was du damit erreichen wolltest, nicht funktioniert hat. Bitte darum, daß nun ein neuer Weg für dich beginnt. Nimm wahr, was das Universum dir anstelle deiner Verhaftung zurückgibt.

Vergebung

Vergebung ist die Grundlage und der Schlüssel zur Heilung aller Krankheiten. Das Gegenteil von Vergebung ist Groll, der uns nur zu Krankheit und Schmerz führt. Wo wir Groll und Werturteil haben, greifen wir sowohl uns selbst als auch andere an. Dadurch werden unser Empfangen und unser Erfolg blockiert, und auch dann, wenn wir unseren Groll verbergen und verleugnen, kann es ohne Groll kein Problem geben. Groll ist der wahre Wesenskern dessen, was zu Kampf und Vergeltung führt, und wenn wir auf diese Weise etwas erreichen wollen, verletzen wir uns nur selbst. Vergebung hingegen ist eine Form des *Fortgebens*[4], die Kontakt, Verbundenheit und Verständnis wieder neu herstellt und so Frieden mit anderen und mit uns selbst schließt. Durch die Verbindung, die in der Vergebung stattfindet, können Leichtigkeit, Lösung, Wahrheit und Erfüllung geschehen.

Was wir anderen vergeben, vergeben wir auch uns selbst. So transformieren wir die Art und Weise, in der wir Ereignisse und Umstände wahrnehmen, die zu Groll führen. Ohne verborgenen Selbstangriff geben wir auf natürliche Weise auch das Werturteil auf und empfinden nur noch Mitgefühl für diejenigen, die einen Fehler gemacht haben. Vergebung läßt zu, daß wir uns von unseren verborgenen Schuldgefühlen und unserem verborgenen Selbstangriff befreien, die dazu führen, daß wir meinen, andere hätten Verurteilung und Bestrafung verdient. Vergebung bringt Gnade, Veränderung und Fortschritt zu allen, die an der Situation beteiligt sind. Sie wischt die Tafel sauber, so daß Transformation für uns und für den Menschen, dem wir vergeben, geschehen kann. Vergebung heilt Muster, ganz besonders Opfermuster, und sie läßt Zuversicht und Freude entstehen. Die Dynamik der Vergebung besteht darin, daß wir, wenn wir einem anderen Menschen vergeben, auch uns selbst für Fehler vergeben, die wir als Verbrechen verurteilt haben und von denen wir glaubten, daß wir sie begangen hätten. Wenn wir sehen, daß andere in diesem Bereich unschuldig sind, sehen wir auch uns selbst als unschuldig an. Wenn wir anderen etwas nicht vorhalten, vermeiden wir damit gleichzeitig, uns dies selbst zum Vorwurf zu machen. So befreit und heilt unsere Vergebung uns beide.

Vergebung ist eines der vielen Heilungsprinzipien, die wir benutzen können, um unsere Gesundheit zu verbessern. Vergebung heilt Angst, läßt Werturteil und Groll frei und löst Schuld und Selbstangriff auf, die alle Schlüsseldynamiken für Krankheit sind.

---

4 Anm. der Übersetzerin: Im Englischen heißt es *forgiveness* für „Vergebung" und *to give forth* für „fortgeben".

Heilende Übung: Vergebung

Stelle dir im Hinblick auf deine Krankheit folgende Frage: Wenn ich wüßte, gegen wen ich einen Groll hege, dann ist es wahrscheinlich:

____

____

____

Stelle dir vor, daß dieser Mensch vor dir steht.

Bitte um die Hilfe deines höheren Bewußtseins, und entscheide dich, diesen Menschen nicht zu benutzen, *um dich selbst zurückzuhalten. Triff die Entscheidung, daß diese Situation zu einem Ort des Friedens und nicht zu einem Ort des Grolls werden soll.*

Lasse zu, daß dein Herz von Vergebung für diesen Menschen erfüllt ist, und nimm wahr, wie die Energie der Vergebung von deinem zu seinem Herzen hin strömt. Bitte dein höheres Bewußtsein, dieses Strömen zu unterstützen. Ist die Situation nicht von umfassender Freude erfüllt, wiederhole den letzten Teil der Übung. Durch Bereitschaft wirst du die Dinge jedesmal, wenn du diese Übung durchführst, besser machen.

Liebe und Verbundenheit

Liebe entsteht aus Frieden und liegt an der Wurzel aller positiven Gefühle. Liebe ist der Ausdruck des universellen Geistes in allen Dingen. Liebe liegt im Herzen von allem, was heilt, und sie macht das Leben lebenswert. Verbundenheit ist Liebe, die verbindet und zusammenschließt, und wie die Liebe führt auch sie zu Gleichgewicht, Kontakt und Gemeinsamkeit. Verbundenheit bewirkt Zentriertheit und Geschlossenheit, die bei allen Problemen die Schlüsselelemente für Heilung und Erfolg sind. Wo es Verbundenheit gibt, erinnert man sich stets daran, daß das wichtigste Element, um Heilung und Glück zu bewirken, darin besteht, die Hand auszustrecken. Liebe rührt daher, daß wir geben, empfangen und uns selbst mit anderen teilen. Liebe schenkt dem Leben Freude, Glück und Sinn. Sie nährt, rettet, erlöst, verbindet und macht heil und ganz. Liebe macht uns weit, so daß wir uns selbst und andere besser kennen, und sie segnet alles, was sie berührt. Liebe erzeugt Wachstum, Glück und Fülle.

Jede Krankheit ist ein Ort, an dem Liebe und Verbundenheit nicht gegenwärtig sind, aber hergestellt werden können. Wo Liebe und Verbundenheit verloren gegangen sind, dort können Krankheit und körperliche Symptome ihren Lauf nehmen. Liebe heilt uns, indem sie die verschiedenen „Teile“ unseres Geistes integriert, die wir verurteilt und zuweilen vergraben haben. Auch die Liebe, die wir anderen geben, wenn wir krank sind, hat eine heilende Wirkung auf uns, denn das, was wir anderen geben, geben wir uns selbst. Und so bewirken wir, daß ein Geflecht der Verbundenheit entsteht, das mit Leichtigkeit zu Liebe und Erfolg führt, wenn wir alle Menschen um uns herum als der Liebe würdig betrachten und auf sie zugehen können. Wenn wir jemanden in unserem Umfeld als nicht liebenswert betrachten, haben wir einen Teil von uns selbst gefunden, den wir verurteilt haben. Wenn wir sein Verhalten als einen Ruf nach Liebe und Hilfe betrachten, fällt es uns vielleicht leichter, auf ihn zuzugehen. Vielleicht können wir dann erkennen, daß er durch sein Verhalten, das keine Liebe ist, um Liebe bittet. Wenn wir uns aus der Freude des Teilens heraus geben, öffnen wir uns für die Weitherzigkeit der Liebe. Liebe fordert nicht und stellt keine Bedingungen. Liebe ist nicht leicht zu entmutigen, und Liebe läßt sich nicht zerbrechen wie die Träume und Illusionen, die zu unseren Krankheiten führen. Liebe und Verbundenheit heilen Schmerz und Krankheit, indem sie verborgene Konflikte lösen.

Heilende Übung: Liebe und Verbundenheit

Stelle dir vor, wie du als Baby im Arm deiner Mutter liegst. Nimm wahr, wie das Licht in dir sich mit dem Licht in deiner Mutter verbindet. Nimm nun wahr, wie das Licht in dir sich mit dem Licht in deinem Vater verbindet. Nimm nun in gleicher Weise wahr, wie das Licht in dir sich nach dem Licht aller Menschen um dich herum ausstreckt und sich mit ihnen verbindet, während du wächst, bis du in der heutigen Zeit angekommen bist.

Wegen unserer Geschichten ist es manchmal notwendig, diese Übung zu wiederholen, besonders mit den Menschen, die uns nahestehen. Fahre fort, wahrzunehmen, wie das Licht in dir sich mit dem Licht aller Menschen verbindet, die dir in den Sinn kommen, bis du ein umfassendes Gefühl des Friedens wahrnimmst und spürst, daß du liebst und geliebt wirst.

Stelle dir nun auf einer körperlichen und einer geistigen Ebene den Teil deines Körpers vor, der die Symptome deiner Krankheit zeigt. Das gilt auch für jeden emotionalen Aspekt, der möglicherweise zu dieser Krankheit geführt hat. Verstärke dein Bewußtsein für diesen Teil deiner selbst. Spüre all die Liebe, die du in deinem Herzen und in deiner Seele findest, und spüre auch all die Liebe, die der Himmel und die Menschen um dich herum dir schenken wollen. Lasse nun all die Liebe, die durch dich hindurchfließt, in die angsterfüllten, schuldigen oder konfliktbeladenen Teile deiner selbst hineinströmen, die zu deiner Krankheit geführt haben. Während du diese Liebe in dich selbst und in andere hineinströmen läßt, nimm wahr, wie dies die Situation verändert und heilt.

Vertrauen

Vertrauen nutzt die Kraft unseres Geistes auf eine konzentrierte und vereinigte Weise, und trotz des gegenwärtigen Anscheins der Dinge weiß es, daß nur Gutes entstehen wird. Die Kraft und Energie unseres Geistes müssen irgendwo eingesetzt werden, und wir können beginnen, unsere Krankheit zu heilen, indem wir sie auf eine positive Weise nutzen. Wenn die Kraft des Geistes nicht positiv eingesetzt wird, dann wird sie negativ eingesetzt.

Sobald wir die Kraft unseres Geistes positiv auf etwas ausrichten, beginnt sie – zuweilen paradoxerweise – unseren verborgenen Konflikt zu heilen oder die Situation in Richtung Erfolg zu entwickeln. Weil Vertrauen eines der großen Heilungsprinzipien ist, das jedes Problem lösen kann, bewirkt sein inneres Wissen um einen positiven Ausgang, daß wir an uns selbst, die Situation und den Himmel glauben. Vertrauen führt die Bereitschaft herbei, die es der Situation erlaubt, sich leicht und wahrheitsgemäß zu entfalten.

Vertrauen ist nicht naiv. Es verleugnet bestimmte Gefühle oder Informationen nicht auf eine Weise, die zu einem gebrochenen Herzen führen würde. Vertrauen bestätigt und akzeptiert statt dessen die Situation so, wie sie ist, entscheidet sich aber, die Kraft des Geistes in dem Wissen einzusetzen, daß alles einen positiven Ausgang nehmen wird.

Es erkennt, daß jede Situation, die nicht ganz und gar glücklich ist, ultimativ nicht die Wahrheit ist. Vertrauen bringt Wahrheit. Es befreit uns von Streß und Sorgen und setzt seine Kraft nicht in Bereichen ein, die angstvoll, konfliktbeladen und lähmend sind. Die Kraft des Wissens, daß alles gut sein wird, weil es gut enden wird, ist Erleichterung und Erlösung zugleich. Vertrauen stellt die Verbundenheit wieder her, und es integriert die Bereiche des Geistes, die an einer Bruchstelle leiden und in Konflikt sind, wieder neu. Dies bringt den Frieden, der die Quelle aller Gesundheit und aller guten Dinge ist.

Heilende Übung: Vertrauen

Es ist Zeit, daß du auf eine neue Weise Vertrauen in dich selbst und deine Situation setzt.

Entscheide dich, die Kraft deines Geistes einzusetzen, und spüre seine Energie und seine Kraft. Nimm im Hinblick auf deine Krankheit eine neue Ebene des Vertrauens wahr. Öffne dich der Heilung mit neuer Zuversicht und in dem Wissen, daß das alles gut werden wird, weil sie geschehen kann und geschehen wird. Gehe mit der Kraft deiner Entscheidung und deines Willens durch jede Angst und jede negative Emotion hindurch, bis du ein großes Vertrauen in deine eigene Heilung oder die eines anderen Menschen spüren kannst. Fahre so lange fort, bis sich Gedanke, Gefühl und Zuversicht für einen positiven Ausgang in dir öffnen. In dem Maße, in dem dein Vertrauen wächst, wächst auch deine Offenheit für Liebe, Gnade und Heilung. In dem Maße, in dem dieser Ort des Vertrauens in dir wächst, wirst du auch die wachsende Sicherheit der Heilung spüren.

Integration

Heilung ist immer eine Form von Integration, die den Konflikt beendet, den es bei jeder Krankheit und bei jedem Problem gibt. Bei einem Konflikt kämpfen zwei oder mehr Aspekte unseres Selbst für unterschiedliche Ziele, und jeder Aspekt will gewinnen. Dadurch geraten gegensätzliche Teile unseres Geistes in einen Konflikt. Alle

Konflikte erzeugen Streß und Angst und hindern uns daran weiterzugehen. Jeder Teil unseres Geistes hat Angst davor, daß seine Bedürfnisse nicht erfüllt werden, wenn der andere Teil weitergeht und an Macht gewinnt. Die Antwort besteht darin, die gegensätzlichen Seiten zu einer Einheit zu integrieren, die das Beste beider Seiten enthält. Wenn eine Seite negativ erscheint, wird ihre Energie wieder in ein positives Ganzes absorbiert, versehen mit einem zusätzlichen „Impfschutz" gegen eine ähnliche Negativität in der Zukunft. In dem Maße, in dem durch Verbindung eine neue Brücke entsteht, entsteht auch eine neue Ebene der Integration. Je mehr wir integrieren, um so mehr vereinen wir die unterschiedlichen Teile unseres Selbst zu größerer Ganzheit und heilen unsere Krankheiten Schicht um Schicht. So steigen unsere Bedürfnisse in einer natürlichen Hierarchie zu einer höheren Form auf, und unsere Ziele und unser Verhalten ändern und entwickeln sich entsprechend.

Heilende Übung: Integration

Stelle dir folgende Fragen, und vertraue bei den Antworten auf das, was dir unmittelbar in den Sinn kommt:

- *Wie viele Aspekte deines Selbst – oder Teile deines Geistes – haben den Konflikt hervorgerufen, der zu dieser Krankheit geführt hat?*
- *Auf wie vielen Ebenen finden diese Spaltungen statt?*
- *Stelle dir nun vor, wie du alle in Konflikt stehenden Teile aller Schichten in beiden Händen hältst, ganz gleich, wie viele Teile oder Schichten es gibt. Wie sehen sie aus? Welche Farbe haben sie? Welche Form(en) haben sie? Wonach riechen sie? Welche Beschaffenheit haben sie? Wie schwer sind sie?*
- *Verschmilz alle diese Stücke und Schichten zu einer goldenen, weißen Energie, die der Grundbaustein des Universums ist.*
- *Führe nun langsam deine Hände zusammen, und verbinde die Energie miteinander. Wenn deine Hände sich berühren und deine Finger sich ineinander verschränken, kann die Energie sich entweder zu einem neuen Symbol verbinden oder als diese goldene, weiße Energie erhalten bleiben.*
- *Wie sieht der verbleibende Teil aus, und wie fühlt er sich an?*

Bereitschaft

Auf einer bestimmten Ebene ist jede Krankheit eine Angst vor dem nächsten Schritt. Diese Angst kann uns insgesamt oder auch nur in einem bestimmten Bereich unseres Lebens zurückhalten. Wir können unsere Angst, die von verlorener Verbundenheit, Traurigkeit, Mißverständnis, Illusion und Unwilligkeit herrührt, ganz einfach auflösen, indem wir den nächsten Schritt tun. Der nächste Schritt ist immer ein Ort des Fortschritts und ein besserer, freierer Ort.

Bereitschaft bringt uns auf eine Weise voran, die Angst heilt. Wenn wir das Gefühl haben, daß wir nicht bereit sind, dann können wir zumindest dazu bereit sein, bereit zu sein, und das ist alles, was unser höheres Bewußtsein braucht, um die Heilung unserer Krankheit zu unterstützen. Bereitschaft bringt uns in den Fluß der Dinge zurück, und sie hilft, die Verbundenheit wieder herzustellen. Jeder wahre Schritt nach vorn ist ein wahrer Schritt, den wir in Intimität und Erfolg gehen. Bereitschaft öffnet uns und läßt Inspiration und Antworten zu. Sie zeigt uns den Weg, um unsere Krankheit zu heilen.

Wenn wir bereit sind, die Lektionen zu lernen, die notwendig sind, und wenn wir bereit sind, uns selbst zu heilen und unsere Konflikte zu lösen, dann wird diese Bereitschaft zulassen, daß sich das für uns entfaltet, was als nächstes geschehen soll. Die Größe der Krankheit bestimmt, wie groß der Schritt nach vorn ist. Bei einer extrem schweren Krankheit müssen wir für eine Wiedergeburt in ein neueres und glücklicheres Kapitel unseres Lebens bereit sein.

Heilende Übung: Bereitschaft

Setze dich hin, gehe in die Stille und bitte den Himmel um seine Hilfe, dich heute für eine neue Stufe der Bereitschaft zu öffnen. Diese Bereitschaft wird dich für jede Form von Heilung öffnen, die zu dir kommen will. Es ist Zeit, daß du bereit bist, alle Schritte zu tun, die notwendig sind, damit Heilung geschehen kann. Wenn sich das schwierig anfühlt oder du ein Gefühl von Widerstand spürst, dann entscheide dich einfach dafür, daß du bereit bist, bereit zu sein. Dies wird dich für heilende Schichten oder Aspekte deiner Krankheit öffnen. Je größer die Bereitschaft, um so größer der Sprung.

Aufgabe

Jeder von uns hat eine Lebensaufgabe. Unsere Aufgabe ist ein Versprechen, das wir auf der Seelenebene gegeben haben. Wir sind gekommen, um anderen Menschen und der Welt unsere Liebe und unsere Geschenke zu überreichen. Indem wir dies tun, bereichern wir unser eigenes Leben und überreichen diese Geschenke gleichzeitig uns selbst. Unsere Aufgabe ist einer der Hauptgründe, warum wir hier sind. Sie ist Teil eines Gesamtplans, der uns befreit und der Welt hilft. Das Ausmaß, in dem wir unserer Aufgabe gemäß leben, ist auch das Ausmaß, in dem wir glücklich und erfüllt sind. Das Ausmaß, in dem wir an einer Krankheit leiden, ist das Ausmaß, in dem wir unserer Aufgabe aus dem Weg gehen. Wir haben allgemeinere Aufgaben, die sich durch unser ganzes Leben ziehen, und wir haben unterschiedliche Aufgaben für unterschiedliche Zeiten in unserem Leben. Ungefähr fünfundachtzig Prozent unserer Probleme stellen Ablenkungen und Fallen dar, weil wir Angst haben, daß wir nicht groß genug sind, um unsere Aufgabe bewältigen zu können. Wenn wir unsere Aufgabe umarmen, gehen wir den heilenden Weg der Gnade und der Vision. Er erschafft eine Zukunft für uns alle, und er läßt zu, daß wir ein erfülltes und kreatives Leben führen.

Heilende Übung: Aufgabe

- *Deine Krankheit ist eine Ablenkung von deiner Aufgabe. Sie hält dich davon ab, weitblickend einen Sprung nach vorn zu tun und zu erkennen, was zu geben du aufgerufen bist. Schätze einmal, zu wieviel Prozent deine Krankheit dich von deiner Aufgabe oder ihrer nächsten Stufe abhält!*
- *Es ist Zeit, daß du deine Richtung änderst, fort von der Ablenkung der Krankheit hin zu deiner Aufgabe. Wenn du das Gefühl hast, daß du bereits deiner Aufgabe gemäß lebst, dann gibt es offensichtlich noch mehr, das zu tun oder durch dich geschehen zu lassen du aufgefordert bist.*
- *Verpflichte dich deiner Aufgabe. Wenn du deine Aufgabe wirklich von ganzem Herzen kennen und leben willst, dann wirst du es auch*

tun. Wenn die Illusion der Angst aber größer ist als dein Wunsch, wirst du keinen Erfolg haben. Entscheide dich dafür, deine Aufgabe zu kennen und ihr gemäß zu leben, denn wenn du vortrittst, um die Versprechen deines Lebens zu erfüllen, wirst du dich und dein Glück erkennen.

- *Bitte um Hilfe und Gnade, um deine Aufgabe zu vollenden. Die Angst vor unserer Aufgabe rührt daher, daß wir glauben, wir müßten sie ganz allein bewältigen. In Wahrheit vollbringt Gnade die Aufgabe durch uns.*

Geschenke

Unter jedem unserer Probleme, jeder unserer Krankheiten und all unserem Schmerz findet sich ein Geschenk, das wir auf einer Seelenebene mit uns gebracht haben und das darauf wartet, umarmt zu werden. Geschenke mit anderen zu teilen macht das Leben lohnenswert und verleiht ihm Fülle und Spaß. Das Geschenk zu umarmen ist einer der leichtesten aller möglichen Wege, um Krankheiten zu heilen und Probleme zu lösen. Dadurch bricht die Krankheit in sich zusammen, denn jedes Problem und jedes Symptom dient dazu, zu kontrollieren, abzuwehren und zu verbergen. Wir kommen, mit Geschenken beladen, um zur Heilung einer leidenden Welt beizutragen. In uns sind genau die Geschenke, die benötigt werden, um ein wunderbares Leben zu erschaffen und alle Krankheiten und Probleme zu überwinden, die wir jetzt haben oder jemals haben werden. In uns finden wir die Geschenke, die wir brauchen, um uns erfolgreich jeder Herausforderung zu stellen. Je schwerer unsere Krankheit, um so größer ist das Geschenk, das sich darunter verbirgt. Wir müssen herausfinden, was das Geschenk ist, es energetisch umarmen und es dann mit anderen teilen. Wir haben viele tausend Geschenke in uns, die darauf warten, das Leben anderer Menschen und unser eigenes Leben einfacher zu machen, aber wir müssen bereit sein, die Kontrolle aufzugeben, die jedes Problem und jede Krankheit uns gibt. Unsere Geschenke sind ein Ort, an dem wir die Kontrolle zugunsten von Einfühlungsvermögen, Teilen und Freude aufgegeben haben.

Heilende Übung: Geschenke

Gehe in die Stille und denke über deine Krankheit nach. Fühle dich in sie hinein und frage dich, welches die Geschenke sind, die du unter dieser Krankheit verborgen hast. Nimm dir ein wenig Zeit, um darüber nachzudenken und dabei zu verweilen, welches die hauptsächlichen Geschenke sein könnten. Wenn es dir nicht einfällt, dann fasse den Vorsatz, daß es dir in deinen Träumen klar werden oder sich dir auf metaphorische Weise während des Tages zeigen soll. Wenn du deine Absicht darauf gerichtet hältst und es wirklich willst, wird es sich dir zeigen. Prüfe, auf welche Weise deine Krankheit als Abwehr und Ablenkung gedacht ist, um dich daran zu hindern, diese Geschenke zu überreichen.

- *Welches ist das wichtigste Geschenk, das du entdeckt hast und das unter deiner Krankheit verborgen war?*
- *Stelle dir vor, wie du dieses Geschenk energetisch umarmst und verkörperst.*
- *Wer braucht dieses Geschenk von dir?*
- *Wenn dieser Mensch dir in den Sinn kommt, nimm wahr, wie du dieses Geschenk von deinem Herzen zu seinem Herzen mit ihm teilst.*

Wiederhole diese Übung mit jedem Geschenk, das dir in den Sinn kommt. Wenn du die Geschenke überreichst, die deine Krankheit verborgen hatte, wird das dein Bewußtsein für diese Geschenke erhöhen. Wenn die Notwendigkeit deiner Krankheit als Abwehr nicht mehr länger gegeben ist, wird auch die Krankheit verschwinden.

Entscheidung

Entscheidung, eine der großen Kräfte und eines der großen Geschenke des Geistes, ist das, was unsere Erfahrung und – auf den tiefsten Ebenen – sogar unsere Realität erschafft. In unserem Geist kreisen fortwährend Gedanken über das, was wir wollen, und auf den tiefsten Ebenen ist all das eine Entscheidung. In jeder Minute haben wir viele hundert Gedanken, viele davon müßige Wünsche oder irrige Entscheidungen, aber nur ganz weniger Gedanken sind wir uns überhaupt bewußt. All diese Gedanken besitzen die Kraft einer Entscheidung und programmieren unseren Geist und unsere Welt entsprechend. Viele negative Entscheidungen werden im Bruchteil einer Sekunde getroffen und sofort verdrängt. Wenn dann ein negativer Zustand wie unsere Krankheit eintritt, haben wir vergessen, daß wir die Entscheidung getroffen haben. Jede negative Entscheidung birgt eine Art von fehlgeleiteter Tagesordnung. Manchmal glauben wir, daß wir etwas bekommen würden, oder wir denken, daß etwas uns glücklich machen würde. Wir leugnen nicht nur, daß wir die Entscheidung getroffen haben, wir würden auch leugnen, daß wir überhaupt die Kraft der Entscheidung hatten. Das macht uns nicht nur zu glücklosen Pilgern, offen für alle Mißgeschicke, die im Leben geschehen können, sondern verleiht uns auch eine schwache und reaktive Einstellung. Es leugnet die zentrale Position, die Entscheidungen in unserem Leben einnehmen, und es macht uns Angst vor unserem Geist, unserer Macht und vor uns selbst.

Unmittelbar vor dem Einschlafen und unmittelbar nach dem Aufwachen ist unser Geist am offensten. Zu diesen Zeiten sind wir weniger abgelenkt und deshalb fähig, stärkere Entscheidungen zu treffen, die unser Leben auf kraftvolle Weise gestalten. Natürlich können wir das zu jeder Tages- oder Nachtzeit tun. Wenn wir mit unserer eigenen Krankheit oder der Krankheit eines geliebten Menschen kämpfen, dann können wir uns immer wieder neu für die Gesundheit entscheiden. Da eine bestimmte Krankheit durch viele Schichten von Schmerz oder Illusion hervorgerufen werden kann, müssen wir uns möglicherweise jedesmal, wenn wir an die Situation denken, wieder neu für die Heilung unserer Angst und für die Gesundheit entscheiden. Dies ist weitaus wirksamer als die Angst, Sorge und Depression, die wir im Hinblick auf die Krankheit fühlen.

Heilende Übung: Entscheidung

Es ist Zeit, daß du im Hinblick auf deine Krankheit eine neue Entscheidung triffst.

- *Welche neue Entscheidung der Heilung möchtest du treffen?*
- *Triff diese Entscheidung morgens, unmittelbar nachdem du aufgewacht bist, und abends, unmittelbar ehe du einschläfst. Triff diese Entscheidung auch zu anderen Zeiten, immer dann, wenn sie dir in den Sinn kommt.*

- *Jede Entscheidung, die du in bezug auf dein Wohlbefinden und die Heilung deiner Krankheit triffst, kann eine Hilfe sein. Es ist ganz besonders hilfreich, wenn du dich dafür entscheidest, alle Angst, allen Zorn, alle Schuld und alle Konflikte aufzulösen, die du erfährst und die deine Krankheit möglicherweise hervorgerufen haben.*

Gnade

Durch Gnade wird alles mühelos, einfach und leicht. Sie gibt uns die Möglichkeit, ganz und gar zu leben und zu lieben und die Fülle eines sorgenfreien Lebens zu erfahren. Gnade erlaubt uns, im Heiligen Geist zu ruhen, während sie alles durch uns vollbringt. Nur wenn wir uns selbst und unseren eigenen Strategien überlassen bleiben, tappen wir in die Falle von Schmerz und Krankheit. Nur wenn wir versuchen, die Dinge selbst zu tun, treiben wir uns an und werden befangen, ängstlich und beladen. Gnade ist das Geschenk des Himmels an uns, und sie läßt uns alles durch eine Höhere Macht vollbringen. Gnade ist das Mittel, das den Himmel auf Erden erschaffen, unserem Leben einen Sinn verleihen und jede Aufgabe leicht machen kann.

Heilende Übung: Gnade

Es ist Zeit, daß du Gnade in dein Leben einläßt, damit sie als Mittel zur Heilung deiner Krankheit wirken kann. Gehe in die Stille, und befreie deinen Geist von allen Gedanken außer deiner Krankheit. Bitte dein höheres Bewußtsein um seine Hilfe. Bitte darum, daß Gnade in deine Angst und in die Konflikte, die sie erzeugen, einströmen möge. Nimm die heilende Energie der Gnade wahr, wenn sie die Wurzeln deiner Krankheit berührt. Die Gnade wird zu dir kommen, wenn du darum bittest. Bitte darum, daß sie dich erfüllen möge. Heiße diese heilende Energie willkommen, und erfülle dein Leben und deine Beziehungen mit ihr. Nimm wahr, wie deine emotionalen Bürden und deine Krankheit im Licht der Gnade dahinschmelzen.

Verstehen

Verstehen ist das Erkennen, das die Illusionen klärt, die Schmerz erzeugen. Verstehen hebt den Fehler wieder auf, der durch falsche Wahrnehmung gemacht wird. Das ist der wesentliche Grund, warum jede Krankheit geheilt, aufgelöst und transformiert werden kann, denn sie beruht auf emotionalem Schmerz und emotionalen Konflikten, deren Ursprung in Mißverständnissen liegt, die korrigiert werden können.

Verstehen liefert den Schlüssel, der das Urteil, die Trennung und die Angst beendet, die zu Krankheit führen. Wenn wir verstehen, was geschieht, verbinden wir uns ganz natürlich und gewinnen das Gefühl, selbst mitfühlend und liebenswert zu sein, zurück. Mit Verstehen wird Vergebung überflüssig, denn die Verbundenheit, die Verstehen mit sich bringt, führt auch zu Einbeziehung, neuer Verbindung und einem neuen Gefühl der Zulänglichkeit. Verstehen heilt Angst, Verlust, Unwilligkeit, Trennung und Gefühle des Verlassenseins. Alle Krankheit beruht auf einer Art Mißverständnis; Verstehen klärt es auf, stellt die Verbundenheit wieder her und erschafft eine neue Grundlage, damit Heilung geschehen kann.

Heilende Übung: Verstehen

Suche zuallererst nach negativen Emotionen oder Unfairneß in der Situation, die dich umgibt. Negative Emotionen sind ein Zeichen für ein Mißverständnis. Mißverständnisse nagen an dir und führen zu Problemen, auch zu gesundheitlichen Problemen. Es gilt das Prinzip: Wo es Schmerz gibt, gibt es eine falsche Wahrnehmung, und wo es eine falsche Wahrnehmung gibt, gibt es ein Mißverständnis.

Prüfe dein vergangenes und dein gegenwärtiges Leben. Wenn es immer noch verletzt, auch wenn es Vergangenheit ist, hast du den Schmerz und das Mißverständnis mit in die Gegenwart gebracht.

Das mag zwar ein wenig Überlegung erfordern, aber es lohnt sich auf jeden Fall. Wenn du beginnst, auf diese Weise zu denken, dann kannst du dir viele schmerzliche Jahre ersparen, in denen du sonst selbstgerecht das Gefühl gehabt hättest, jemand anders hätte dir

Schmerz oder Ärger bereitet. Wenn du dich schlecht fühlst, dann bist du dafür verantwortlich, denn du hast falsch wahrgenommen und mißverstanden.

Situation	*Emotionaler Schmerz*	*Falsche Wahrnehmung und Mißverständnis*

Als nächstes frage dich, auf welche Weise die Situation, der Schmerz und die falschen Wahrnehmungen dir dienen.

- *Welches Selbstbild willst du damit neu stärken?*
- *Was erlaubt es dir zu tun?*
- *Was brauchst du deshalb nicht zu tun?*
- *Wovor willst du dich mit seiner Hilfe verbergen?*
- *Wen greifst du mit diesem Selbstbild an?*
- *Wenn du dich mit diesem Selbstbild selbst angreifst, welches Maß an Narzißmus und Boshaftigkeit liegt darin?*
- *Welche Entschuldigung liefert dir dieses Selbstbild?*

Du kannst die Erkenntnis gewinnen, daß emotionaler Schmerz dir unter anderem dazu dient, Angst abzuwehren. Wenn du emotionalen Schmerz als Fehler, Mißverständnis und Strategie des Ego erkennst, kannst du verstehen und eine andere Entscheidung treffen. Du kannst dir im Hinblick auf die Krankheit selbst und das ihr zugrundeliegende Mißverständnis die folgenden Fragen stellen. Vertraue den Antworten, die dir spontan in den Sinn kommen.

- *Mit wem hast du dieses Mißverständnis, das der Heilung bedarf?*
- *Worum geht es bei diesem Mißverständnis?*
- *Auf welche Weise hast du das Mißverständnis benutzt?*
- *Welchen Zweck erfüllt es für dich?*

Lasse zu, daß die Energie deines Verstehens dich erfüllt. Baue eine Brücke der Liebe und der Verbindung zu dem Menschen, mit dem du dieses Mißverständnis hast, statt ihn für einen Zweck zu benutzen, der dich nur zurückhalten kann. Bitte dein höheres Bewußtsein darum, dir Verstehen zu schenken. Das Gefühl von Frieden, Mitgefühl und Selbstwert, das du verspürst, wird dir sagen, wann es geschieht.

Wahrheit

Wahrheit ist eines der großen Prinzipien der Heilung. Sie stellt richtige Wahrnehmung, richtige Beziehung, Gleichgewicht und Verbundenheit wieder neu her. Um Wahrheit zu bitten kann ein gesundheitliches Problem klären, denn sie beendet die Täuschung und Selbsttäuschung, die ein Teil jedes Problems ist. Sie zeigt uns den Weg nach vorn, den unsere Krankheit zu verbergen sucht. Unsere Wahrheitsliebe und unser Wunsch nach Wahrheit können alles voranbringen, heraus aus der Schwierigkeit, Komplexität und Verschleierung, die das Ego uns in den Weg gestellt hat, um uns abzulenken und aufzuhalten.

Der Wunsch nach Wahrheit führt dazu, daß wir unsere Illusionen und Verhaftungen loslassen und unsere Sturheit aufgeben. Er bringt uns eine neue Stufe der Integrität, die uns das Empfangen erlaubt. Er gibt die narzißtische Selbsterhöhung und passive Aggressivität auf, die Teil jeder Krankheit sein kann. Die Erfahrung von Krankheit und Symptomen ist nicht die höchste Wahrheit. Der Schmerz unter der Krankheit ist nicht die Wahrheit, ebensowenig wie unsere verborgenen, aber irrigen Ziele, die sich unter dem Schmerz und der Krankheit verbergen. Wahrheit bringt Klarheit. Sie befreit uns von Symptomen und führt uns hin zur Gesundheit.

Heilende Übung – Wahrheit

Es ist Zeit, daß du dich der Wahrheit und der Wahrheit von Gesundheit in deinem Leben verpflichtest. Bitte darum, daß dir die Wahrheit im Hinblick auf dein Leben und deine Krankheit gezeigt werden möge. Wenn dein Wunsch nach der Wahrheit größer wird als deine Angst und deine Verhaftungen, wird die Wahrheit sich dir offenbaren und dich befreien. Rufe die Wahrheit an, wenn es in deinem Leben etwas anderes gibt als ausgezeichnete Gesundheit. Wünsche dir die Wahrheit als einen einfachen Weg, um durch jedes Problem hindurchzukommen.

3. Kapitel

Zehn Körpersysteme und ihre metaphorische Bedeutung

Das Kreislaufsystem

Die Aufgabe des Kreislaufsystems besteht darin, den Körper zu nähren. Nährstoffe und Sauerstoff gelangen durch dieses System in jede Zelle des Körpers, versorgen ihn mit Nahrung und transportieren Abfallstoffe fort. Probleme mit dem Kreislaufsystem sind ein Spiegel dafür, daß wir uns selbst nicht genug geben und daß wir Schwierigkeiten mit unserer Fähigkeit haben, zu empfangen.

Das Herz ist die treibende Kraft des Kreislaufsystems. Es steht für Liebe, Geben, Mut und Bereitschaft. Probleme mit unserem Herzen sind ein Hinweis auf schwerwiegende Enttäuschung, auf einen Verlust der Zuversicht und des Mutes, weiterzugehen. „Ihm wurde bang ums Herz“[5] ist eine Aussage, die sich auf Mut oder Willen bezieht, und sie deutet auf eine Angst vor der eigenen Aufgabe und dem eigenen Schicksal hin.

Beispiele für Probleme mit dem Kreislaufsystem

Anämie

Dieses Leiden führt zu einer verringerten Zirkulation roter Blutkörperchen im Körper. Das heißt, daß die Versorgung des Körpers mit Nährstoffen beträchtlich eingeschränkt ist. Der Zustand der Anämie rührt daher, daß wir das Gefühl für unser Selbst verloren haben. Er rührt von Gefühlen der Schwäche und Unzulänglichkeit her und weist darauf hin, daß wir nicht mehr fähig sind zu empfangen. Wir

5 Anm. der Übersetzerin: Im Englischen heißt es: *He lost heart*. Wörtlich übersetzt bedeutet das: „Er verlor das Herz.“ Im übertragenen Sinne: „Er verlor den Mut“.

haben unsere Mitte verloren, und wir haben mehr oder weniger verborgene Probleme mit Gefühlen von Überwältigung, Wertlosigkeit, Unwürdigkeit und Versagen, die alle zu Depressionen führen können. Der Energieverlust ist immens, und wir fühlen uns, als seien wir nicht stark genug für das, was wir tun müssen oder was im Leben von uns gefordert ist. Wenn wir nach der Kraft suchen, um den Tag zu überstehen, haben wir das Gefühl, daß wir nicht genug Energie haben, um unsere Aufgabe zu erfüllen.

Angina pectoris

Dies ist ein Leiden, bei dem die Koronararterien verengt sind. Es deutet darauf hin, daß wir eine Angst haben, die uns einengt. Dadurch können wir nur schwer empfangen, und es bereitet uns Schmerzen, weiterzugehen. Wir haben das Gefühl, daß uns genau die Nährstoffe fehlen, die wir brauchen, um weiterzugehen. Wir sind in der Aufopferung gefangen, die nicht zugelassen hat, daß wir anderen geben – außer aus einer Rolle heraus – oder uns selbst aufrichtig nähren.

Arterien

Arterien befördern sauerstoffreiches Blut vom Herzen zum Gewebe. Probleme mit diesen Blutgefäßen, die Nährstoffe und Sauerstoff durch den Körper transportieren, sind ein Hinweis darauf, daß wir uns dem Geben und Empfangen widersetzen.

Blutdruck (hoch/niedrig)

Blutdruck ist der Druck, den das Blut auf die Wand eines Blutgefäßes ausübt. Wenn unser Blutdruck hoch ist, sind wir in Erwartungen und Rollen gefangen. Wir haben ein übertriebenes Gefühl unserer eigenen Wichtigkeit, das dazu führt, daß wir glauben, es alles selbst tun zu müssen. Wir treiben uns selbst an, weil wir Angst haben, und weil wir nicht darauf vertrauen, daß das Universum uns unterstützt. Wir haben zu viele Ziele in dem Versuch, Gefühle von Wert-

losigkeit auszugleichen, und das führt zu Frustration und einer Verschlimmerung unseres Leidens. Niedriger Blutdruck hat seinen Ursprung darin, daß wir uns untauglich oder gefangen fühlen. In bestimmten Lebenssituationen fühlen wir uns schwach und unfähig, unsere Situation zu ändern.

Blutergüsse

Ein Bluterguß entsteht, wenn gerissene Blutgefäße in das Gewebe hinein bluten. Ein Bluterguß ist eine Aussage, die besagt: „Das Leben hat mich verletzt – du hast mich verletzt – jemand hat mich verletzt." Er ist eine Klage, die einen emotionalen Bluterguß in einer bestimmten Lebenssituation anzeigt, der sich nun auf einer körperlichen Ebene manifestiert.

Herzinfarkt

Ein Herzinfarkt entsteht durch den Verschluß einer oder mehrerer Koronararterien. Das führt dazu, daß das Herzgewebe, das von dieser Arterie versorgt wird, abstirbt. Ein Herzinfarkt steht für ein gebrochenes Herz, dessen Ursache in einem zerbrochenen Traum liegt. Wir befinden uns in einem akuten emotionalen Konflikt, oder wir erfahren schwere Gefühle der Enttäuschung und haben das Gefühl für unser Selbst verloren. Wir fühlen uns im innersten Herzen angegriffen. Wie beim Herzversagen, fehlt es auch hier an einer gewissen Zuversicht, um über den Konflikt hinaus zum nächsten Kapitel unseres Lebens weiterzugehen. Wir weigern uns, in unserem Leben weiterzugehen, weil wir an einem Menschen, einem Ort, einem Traum oder einer Sache festhalten.

Herzleiden

Herzleiden ist eine allgemeine Kategorie, die besagt, daß wir ein Herzproblem haben. Unser Herzleiden weist darauf hin, daß wir in Rollen und Aufopferung gefangen sind. Wir geben, sind aber nicht fähig zu empfangen. Wir tragen eine schwere Last, fühlen uns niedergeschlagen und verlieren den Lebensmut.

Herzversagen

Herzversagen tritt ein, wenn unser Herz aufgehört hat zu schlagen. Das geschieht, weil wir in unserer Angst vor dem nächsten Schritt in unserem Leben gefangen sind. Wir haben unser Herz verloren und sind voll Trauer. Das bedeutet, daß es einen großen Verlust gibt, den wir nicht überwunden haben. Es läßt Geben zu, hindert uns jedoch daran, voll und ganz zu empfangen. Wir haben unsere Zuversicht verloren und sind nicht bereit zuzulassen, daß das Leben sich für uns entfaltet. Weil wir an einem Menschen, einem Ort, einem Traum oder einer Sache festhalten, an etwas, von dem wir glauben, daß es uns glücklich machen wird, zögern wir oder weigern uns, im Leben weiterzugehen.

Hoher Cholesterinspiegel

Ein hoher Cholesterinspiegel im Blut zeigt an, daß wir für das Maß an Aufopferung, in dem wir uns gegenwärtig befinden, in einer Kompensation gefangen sind, in der wir uns gehenlassen. Dies ist das Resultat eines Verlustes aus der Vergangenheit, von dem wir uns nicht erholt haben. Wenn es sich um ein Familienleiden handelt, dann ist es wahrscheinlich ein Ahnenproblem, das durch die Familie weitergegeben wurde. Die Kompensation kann die Form harter Arbeit oder eine Lebensweise der Aufopferung annehmen. Um das zu kompensieren, lassen wir uns auf körperlicher oder emotionaler Ebene gehen.

Kapillaren

Kapillaren sind winzige Blutgefäße, die Systeme oder Geflechte bilden, in denen ein Austausch von Nährstoffen stattfindet. Probleme mit den Kapillaren deuten darauf hin, daß wir in unserem Leben nicht mehr im Gleichgewicht sind und nach Rollen, Regeln und Rezepten

leben. Wir haben Probleme mit Aufopferung und das Gefühl, daß wir uns in einer Rolle des Gebens befinden. Das hindert uns daran zu empfangen, und wir haben das Gefühl, daß wir überlastet sind, uns gehen lassen oder beides. Wir haben mehr oder weniger verborgene Urteile oder alte Klagen gegen unsere Eltern.

Krampfadern

Krampfadern sind geschwollene, erweiterte und knotige, blind endende Venen, die in den Beinen zu Gefühlen von Ermüdung und dumpfem Schmerz führen. Metaphorisch betrachtet haben sie etwas mit Beziehungen oder Projekten zu tun, die nirgendwohin geführt haben. Wir haben das Gefühl, Zeit mit etwas verschwendet zu haben. Es gibt einen Mangel an Fruchtbarkeit. Wir fühlen uns unproduktiv und faul, zuweilen trotz unserer Produktivität. Wir haben Seelengeschenke, die wir noch nicht überreicht haben. Möglicherweise wurde auf einer Seelenebene eine Beziehung vereinbart, die nie stattgefunden hat, obwohl wir uns in diesem Leben begegnen wollten. Irgendwie haben wir uns verfehlt, und aus der Beziehung ist niemals etwas geworden.

Leukämie

Leukämie ist das unkontrollierbare Wachstum weißer Blutkörperchen, das ein starkes Bedürfnis danach reflektiert, uns zu verteidigen. Etwas, das sehr schmerzlich ist, ist zutage getreten, um geheilt zu werden, und wir haben das Gefühl, daß wir uns vor ihm schützen müssen, statt mit dem Schmerz umzugehen. Die Angstreaktion kann so groß sein, daß der Schutz wichtiger wird als wir selbst. Er ist wichtiger geworden als das Empfangen dessen, was uns zusteht, sogar wichtiger als das Leben selbst. Der Verlust roter Blutkörperchen ist der Verlust des Gefühls, daß wir stark genug sind, um dem Leben gewachsen zu sein. Weil wir uns unwürdig fühlen, nähren wir uns nicht, und wir lassen nicht zu, daß wir genährt werden. Unsere Gebrechlichkeit und Empfindsamkeit verbergen unsere Abwehrhaltung. Unter unserer großen Aufopferung greifen wir uns selbst an, und wir benutzen sie, um andere anzugreifen. Diese Aufopferung ist eine Kompensation für den Groll, daß wir nicht genährt, geliebt oder als etwas Besonderes behandelt werden. Darunter verbirgt sich eine noch tiefere Ebene von Schuld dafür, daß wir nicht geben, was benötigt wird und was wir mitgebracht haben, um es unserer Familie zu geben und sie so vor sich selbst zu retten.

Schlaganfall

Ein Schlaganfall tritt ein, wenn im Gehirn ein Blutgefäß platzt. Dies spiegelt Orte wider, an denen wir auf eine emotionale oder andere Weise so großen Streß spüren, daß wir, metaphorisch ausgedrückt, das Gefühl haben, daß wir nicht weitergehen können. Wir spüren den Schnitt oder Stich einer tiefen Verletzung. Wir haben einen zerbrochenen Traum, eine immense Enttäuschung oder eine Vorstellung, die wir nicht akzeptieren können. Mit unserem inneren Druck haben wir „eine Dichtung gesprengt". Wir nehmen wie im Sprichwort unseren Ball und gehen heim, weil wir nicht mehr spielen wollen.

Schlechte Durchblutung

Unsere schlechte Durchblutung rührt von dem Gefühl her, daß ein Elternteil oder beide uns nicht genug geliebt haben. Das verbirgt unsere Probleme im Hinblick darauf, daß wir uns selbst nicht lieben, und wir fühlen uns körperlich kalt. Wir haben das Gefühl, daß es für das Leben, das wir leben wollen, nicht genug Freiheit oder Raum gibt. Wir haben Erfahrungen und Gefühle unterdrückt und sind daher von Bewußtheit und von unserem eigenen Selbst abgeschnitten.

Thrombophlebitis (Venenentzündung oder Thrombose)

Thrombophlebitis ist eine Entzündung und Blutgerinnselbildung in unseren Venen, die bedeutet, daß wir uns im Fluß unseres Lebens blockiert fühlen. Die Ursache für die Blockade kann in einem emotionalen Bluterguß liegen, aber auch in unerlöstem Zorn darüber, daß wir

nicht als etwas Besonderes behandelt werden. Sie kann eine Form von Selbstangriff sein, weil wir glauben, daß wir unsere Familie oder ihre Mitglieder nicht gerettet haben.

Venen

Unsere Venen befördern sauerstoffarmes Blut zum Herzen zurück, damit es wieder mit Sauerstoff angereichert werden kann. Probleme mit diesen Blutgefäßen weisen auf Angelegenheiten hin, die etwas mit Loslassen und Befreiung zu tun haben. Ein neuer Beginn und eine neue Stufe sind möglich. Es kann sich um ein Problem mit unserem Ruhezyklus handeln, bei dem es darum geht, daß wir uns eine passive und integrative Ruhe oder Belohnung zugestehen, nachdem wir unsere Arbeit oder unsere Projekte vollendet haben.

Das Atmungssystem

Das Atmungssystem versorgt das Gewebe des Körpers mit dem lebensspendenden Sauerstoff. Die Lungen sind das Kernstück des Atmungssystems, und metaphorisch betrachtet stehen sie für unsere Fähigkeit zu empfangen, zu erfahren und das Leben zu genießen. Das Atmen spiegelt nicht nur unser Leben wider, sondern auch, wie sehr wir uns selbst leben lassen.

Probleme mit unseren Lungen bergen Gefühle von Unwürdigkeit und Selbstangriff, und sie stehen für Angelegenheiten, bei denen es um Aufopferung und Verschmelzung geht. Bei schwerwiegenden Lungenproblemen schließen wir uns selbst aus und haben das Gefühl, daß wir nicht das Recht haben, zu leben. Die Lungen sind ein Ort, der sehr schnell in Mitleidenschaft gezogen ist, wenn es Verlust oder Traurigkeit gibt.

Beispiele für Probleme mit dem Atmungssystem

Asthma

Asthma wird durch Krämpfe der Bronchien oder das Anschwellen ihrer Schleimhäute verursacht. Pfeifendes Atmen und Kurzatmigkeit sind die Symptome dieses Leidens, das von Traurigkeit herrührt. Asthma tritt durch einen Zustand der Verschmelzung mit einer Elternfigur auf, die zumeist, aber nicht immer, unsere Mutter ist. In der englischen Sprache ist das Wortspiel ganz deutlich: Asthma = *„As ma“ (wie Mama)*[6]. Wir haben das Gefühl, daß wir nicht fähig sind, ein eigenes Leben zu führen, weil wir für unsere Mutter leben. In dieser Verschmelzung nehmen wir die Gefühle unserer Mutter wahr

---

6 Anm. der Übersetzerin: Im Englischen ist das „th“ im Wort *Asthma* stumm, daher die Ähnlichkeit zu „as ma“.

und versuchen, sie emotional zu tragen. Wir fühlen uns unfähig, unsere eigenen Ziele zu verfolgen, und in unserem Leben finden sich Bereiche der Aufopferung. Weil unser wahrgenommenes Bedürfnis, anderen helfen oder sie retten zu müssen, stärker ist, geben wir unser eigenes Leben bis zu einem gewissen Grad auf. Dieses Aufgeben ist möglicherweise durch Trennung und Unabhängigkeit zugedeckt.

Bronchitis

Eine Bronchitis ist eine Entzündung der Bronchien, die in der Regel auf eine Infektion zurückzuführen ist. Diese Entzündung ist das Resultat eines gespaltenen Geistes, der zwischen dem Wunsch weiterzugehen und dem Wunsch festzuhalten gefangen ist. Wir halten an der Vergangenheit fest, aber wir versuchen trotzdem, weiterzugehen. Unsere Unentschlossenheit führt dazu, daß wir sowohl Verlust als auch Angst spüren, während wir versuchen, uns den Weg in unsere Zukunft zu bahnen. Wir wollen einen unerlösten Verlust aus der Vergangenheit nicht loslassen, und wir versuchen noch immer, allein mit Willenskraft und Entschlossenheit weiterzugehen, statt durch Klärung, Loslassen, Trauer oder Heilung.

Erkältung

Dies ist eine Virusinfektion der oberen Atemwege. Eine Erkältung zeigt uns, daß wir traurig sind und an jemandem oder etwas festhalten, weil wir Angst davor haben weiterzugehen. Wir haben Verluste erlitten, um die wir immer noch trauern.

Ertrinken

Ertrinken ist Ersticken durch Eintauchen in eine Flüssigkeit. Es ist das Resultat von Traurigkeit, einem Gefühl der Untröstlichkeit, einer Überwältigung durch Gefühle von Verlust und Jammer.

Husten

Husten ist eine kraftvolle Anstrengung beim Ausatmen. Er weist darauf hin, daß wir versuchen weiterzugehen, während wir gleichzeitig noch festhalten. Husten steht für eine neue Energie, die zum Ausdruck kommen will, die aber immer noch einen Verlust im Hinblick auf die Vergangenheit spürt. Wir wollen keinen Abschied nehmen, oder wir wollen etwas nicht loslassen, aber wir treiben uns selbst dazu an weiterzugehen. Wir spüren ein Bedürfnis danach, umsorgt zu werden, und wir sind in einem emotionalen Konflikt gefangen. Unser Husten steht für einen Ort, an dem wir emotional feststecken.

Lungenentzündung (Pneumonie)

Pneumonie ist eine Entzündung der Lungen, bei der diese sich mit Flüssigkeit füllen. Sie ist ein „neuer Seufzer" inmitten aller anderen Verluste. Es gibt einen neuen Verlust, einen klassischen Fall von profundem Kummer. Wir scheinen in Gefühlen des Grams zu ertrinken.

Das Nervensystem

Das Nervensystem besteht aus dem Gehirn, dem Rückenmark und verschiedensten Arten von Nervengewebe, die alle zusammenarbeiten, um Reize zu empfangen und darauf zu reagieren. Unser Gehirn versinnbildlicht unser Denken und die Art, wie wir unseren Geist einsetzen. Es ist das Kernstück unseres Nervensystems. Probleme mit dem Nervensystem weisen darauf hin, daß wir bei etwas „die Nerven verloren haben" und unserer Angst erlegen sind. Wenn wir Probleme mit den Nerven haben, haben unsere Konflikte so viel Angst erzeugt, daß wir das Gefühl haben, Rückzug oder Anhalten sei die einzig mögliche Handlungsweise.

Beispiele für Probleme mit dem Nervensystem

Amyotrophische Lateralsklerose (ALS)

ALS ist ein Syndrom, das durch Muskelschwäche und Muskelschwund gekennzeichnet ist. Die Ursache dieser Krankheit ist eine Degeneration von Nervengewebe im Gehirn und im Rückenmark, und sie führt zu einer fortschreitenden Muskelschwäche. Das heißt, daß wir glauben, nicht stark genug zu sein, um das zu tun, was wir hier auf der Erde tun wollten. Die Ursache dafür, daß wir angesichts unserer Lebensaufgabe von unserer Schwäche überzeugt sind, liegt in Angst, Schuld, Rebellion oder Aufopferung als einer Form von Widerstand. Wir sind der irrigen Überzeugung, uns ausschließlich auf uns selbst verlassen zu müssen, um unsere Aufgabe zu erfüllen, und das erweist sich als zu schwer.

Krämpfe (Krampfanfall)

Krämpfe sind eine Störung der Zerebralfunktion mit Anfällen in Form einer veränderten bewußten Motorik oder sensorischer Phänomene. Krämpfe oder Zuckungen bedeuten, daß wir uns in einem Belagerungszustand befinden. Wir sind in einem Konflikt, gelähmt von der Angst, weiterzugehen und auf einer völlig neuen Ebene geboren zu werden. Wir haben Angst vor dem Unbewußten und davor, daß wir Informationen empfangen könnten, die für unsere Lebensaufgabe wichtig sind. Krämpfe sind eine Möglichkeit, um unseren gesamten Prozeß abrupt zum Stehen zu bringen. Eine Emotion hat uns in ihrem Griff und schüttelt uns durch. Wir liegen in den Wehen, ohne daß eine Geburt stattfindet, und haben das Gefühl, daß wir gegen unseren Willen genommen wurden. Wir haben Angst vor unserem eigenen Geist. Außerdem gibt es einen verborgenen Versuch, etwas zu bekommen, weil wir das Gefühl haben, daß man uns etwas ganz Lebenswichtiges genommen hat.

Lähmung

Lähmung ist der Verlust oder die Beeinträchtigung motorischer Funktion. Lähmung ist eine Auswirkung von Angst, die uns sprichwörtlich bewegungsunfähig und starr macht. Sie zeigt eine Angst vor Veränderung und Angst davor, auf einer völlig neuen Ebene unseres Lebens geboren zu werden.

Multiple Sklerose

Multiple Sklerose ist eine chronische neurologische Krankheit, bei der die Nervenhülle stellenweise zerstört wird. Wir fühlen uns, als würden wir unseren natürlichen Schutz verlieren, und als Resultat der multiplen Sklerose verlieren wir unsere Nerven (unseren Mut) im Hinblick auf das Leben und darauf weiterzugehen. Wir fühlen uns emotional hilflos und verletzlich. Diese Krankheit ist eine Form von Entschuldigung dafür, daß wir überhaupt leben.

Parkinsonsche Krankheit

Die Parkinsonsche Krankheit ist eine Nervenstörung, die durch einen langsam stärker werdenden Tremor gekennzeichnet ist. Sie zeigt uns, daß wir in einer unbewußten Angst gefangen sind, bei der es um die Erfüllung unserer Seelenaufgabe oder unseres Seelenversprechens geht. Diese unbewußte oder auf einer Seelenebene stattfindende Angelegenheit läßt uns „das große Zittern kriegen“.

Tremor (Zittern)

Ein Tremor ist eine zitternde und unwillkürliche Bewegung, die von den abwechselnden Kontraktionen entgegengesetzter Muskeln herrührt. Ein Tremor ist ein kleines Beben, ein Erdbeben der Angst, das manchmal durch Streß oder unterdrückte Emotionen hervorgerufen wird. Wir haben das Gefühl von Zerrissenheit und Widerstand. Unsere Emotionen entziehen sich unserer Unterdrückung und Kontrolle.

Das Skelett

Das Skelett liefert den Rahmen und das Stützwerk für den Körper. Wenn wir in diesem Bereich Probleme haben, zeigt das, daß wir es mit einer unbewußten Angelegenheit zu tun haben. Probleme in diesem Bereich spiegeln Gefühle eines Zusammenbruchs in unserem Erhaltungssystem wider, während eine unbewußte Angelegenheit zutage tritt, um geheilt zu werden. Der betroffene Bereich des Skeletts liefert uns weitere Hinweise zu unserem Problem, wie auch die Seite des Körpers, die betroffen ist. Probleme mit unseren Knochen weisen auf Konflikte und Schwierigkeiten mit dem Rahmenwerk unseres Lebens hin. Wir sind aufgefordert, uns zu ändern und uns auf eine neue Weise anzupassen, um so eine höhere Stufe der Kraft und der Unterstützung für uns selbst zu bewirken (siehe auch Diagramm der Körperteile).

Beispiele für Probleme mit dem Skelett

Kiefergelenksbeschwerden (TMJ-Disorder)

Kiefergelenksbeschwerden sind durch Schmerzen und eine Verschiebung des Kiefergelenks gekennzeichnet. Sie stehen für das Gefühl, alles tragen und so leben zu müssen, als müßten wir alles selbst tun, statt es durch Gnade geschehen zu lassen. Wir fühlen uns negativ und zornig und wollen uns selbst daran hindern, andere verbal anzugreifen. Wir tragen mindestens eine negative Geschichte oder ein negatives Drehbuch in uns, und wir warten mit zusammengebissenen Zähnen darauf, daß wieder etwas Negatives geschieht. Dabei ist uns nicht bewußt, daß wir selbst die Geschichte schreiben. Kiefergelenksbeschwerden sind ein Zeichen für den Druck und den Streß, unter dem wir stehen. Wir arbeiten hart daran, sorgsam zu verhindern, daß etwas Tragisches geschieht, aber wir haben das Gefühl, es nicht verhindern zu können. Wir befinden uns in einem Zustand von dunklen Ahnungen und unterdrücktem Zorn, fühlen uns unzulänglich und „aus den Angeln gehoben“, von etwas Wirklichem oder etwas Eingebildetem bedroht. Unsere Angst kann uns nach innen oder nach außen hin bösartig machen.

Knochenbrüche

Ein Bruch entsteht, wenn die Oberfläche des Knochens gebrochen oder gerissen ist. Dies zeigt einen Bereich, in dem wir in der Verurteilung eines anderen Menschen und in einem Angriff auf uns selbst gefangen sind. Etwas, das auf einer unbewußten Ebene vergraben war, ist nun aufgetaucht, um geheilt zu werden. Als Resultat haben wir eine Ebene der Zuversicht oder der Stärke verloren, einen Bruch unseres Selbst erlitten, der auf einen Konflikt hindeutet. Wir haben eine Art von emotionalem Bruch erlitten. Der Bereich unseres Körpers, in dem der Bruch aufgetreten ist, wird uns wichtige Hinweise auf den zugrundeliegenden Prozeß liefern (siehe auch Diagramm der Körperteile).

Osteoarthritis

Osteoarthritis ist eine nicht entzündliche, degenerative Erkrankung der Gelenke, die durch den Zerfall des Knorpels verursacht wird, der die Knochenenden umgibt. Wenn wir an Osteoarthritis leiden, zeigt das, daß wir in einem Zustand der Erstarrung sind und das Gefühl haben, wir würden unsere emotionale und gesellschaftliche Flexibilität verlieren. Möglicherweise nehmen wir Zuflucht zu immer größerer Kontrolle, weil wir Angst haben, sie zu verlieren. Rollen wie zum Beispiel Aufopferung zerfallen zu den Gefühlen, die wir kompensieren, wie zum Beispiel Schuld. Andere vorherrschende Gefühle sind möglicherweise Unwürdigkeit, Bedürftigkeit, Versagen, Minderwertigkeit und ein verborgenes Gefühl, daß unser Leben auseinanderfällt. Allem liegt eine Angst vor Veränderung zugrunde, ein Festhalten daran, wie die Dinge sind.

Osteoporose

Osteoporose ist die am weitesten verbreitete Knochenkrankheit der Welt. Sie rührt von einer Verringerung der Knochendichte her, die dazu führt, daß die Knochen schwach werden. Es herrschen Gefühle von Mangel, Leiden und Angst, die Kraft und Charakter zersetzen. Alle Rollen, die als eine Kompensation gedient haben, um unsere Gefühle von Bedürftigkeit, Verletzung und Schuld zu verbergen, beginnen zu versagen. Wir haben eine Gelegenheit, lange verborgene Emotionen zu integrieren und so zu heilen. Kompensationen sind Abwehrstrategien, die verhindern, daß wir empfangen, denn sie sind kein wahres Geben, sondern nur ein Abwehrmechanismus. Sie mögen uns stark und gut erscheinen, aber sie sind eine Aufopferung und verbergen Gefühle von Angst, Bedürftigkeit, Versagen oder Schuld. Indem wir uns dafür entscheiden, die Rollen und verborgenen Gefühle zu integrieren oder miteinander zu verschmelzen, können wir auf neue Stufen von Stärke, Integrität und der Fähigkeit, zu empfangen, gelangen. Anstelle eines kompensierenden Verhaltens aufgrund von altem Schmerz führt Integrität uns zu neuen Stufen von Unschuld, Frieden, Weisheit und Zentriertheit.

Rheumatische Arthritis

Die rheumatische Arthritis ist eine Form von Arthritis, bei der die Oberflächen zweier Knochen vollständig miteinander verschmelzen, wodurch das Gelenk unbeweglich und steif wird. Wenn wir an dieser Krankheit leiden, heißt das, daß wir in Rollen gefangen und auf emotionale und psychologische Weise mit anderen verschmolzen sind, was es für uns unmöglich macht, uns zu bewegen. Es ist die Angst vor Veränderung, die uns bewegungsunfähig gemacht hat.

Das Muskelsystem

Das Muskelsystem bietet dem Körper Bewegung, Kraft und Unterstützung. Probleme mit dem Muskelsystem bedeuten, daß wir Schwierigkeiten haben, in unserem Leben voranzugehen. Wir fühlen uns schwach, gezerrt oder nicht unterstützt, so, als ob wir es allein nicht bewältigen können.

Beispiele für Probleme mit dem Muskelsystem

Karpaltunnelsyndrom

Das Karpaltunnelsyndrom ist eine Entzündung der Sehnen und der Hülle zwischen dem Handgelenksknochen und der Hand. Durch den einfachen täglichen Gebrauch hervorgerufen, deutet das Karpaltunnelsyndrom auf ein Gefühl des Feststeckens und der Überlastung im Hinblick auf unsere Arbeit und ihre Langweiligkeit hin. Wir fühlen uns in einem Trott gefangen und sehen kein Licht am Ende des Tunnels. Wir haben das Gefühl, daß wir unsere Arbeit und unser Leben so, wie es ist, nicht bewältigen können, und wollen ihm entfliehen.

Muskelkrämpfe

Ein Krampf ist eine spasmodische muskuläre Kontraktion. Er ist ein Zeichen dafür, daß wir uns ausdehnen müssen, während wir zur gleichen Zeit das Gefühl haben, gefangen zu sein oder von etwas aufgehalten zu werden. Muskelkrämpfe kennzeichnen sowohl ein Bedürfnis nach als auch eine Angst vor Freiheit. Wir fühlen uns eingeengt, zuweilen von unserem eigenen Bedürfnis nach Sicherheit.

Muskelzerrung

Ein gezerrter Muskel ist ein überdehnter Muskel. Er ist ein Zeichen dafür, daß wir uns zu sehr verausgabt haben und etwas wiedergutmachen wollten, indem wir uns aufgeopfert haben. Es könnte durch Gnade geschehen sein, wenn wir nicht versuchen würden, alles selbst zu tun und uns nur auf unsere eigene Stärke zu verlassen.

Verstauchungen / Zerrungen

Verstauchungen oder Zerrungen sind gerissene oder überdehnte Bänder im Bereich der Gelenke. Das deutet darauf hin, daß wir uns von dem, was wir erreichen müssen, völlig verausgabt oder überwältigt fühlen (siehe auch Diagramm der Körperteile).

Das Fortpflanzungssystem

Die Funktion des Fortpflanzungssystems besteht in der Empfängnis, der Versorgung und der Geburt eines Fötus. Probleme in diesem Bereich unseres Körpers beziehen sich auf eine Angst vor dem Gebären. Darunter verbirgt sich ein Widerstand, uns selbst auf einer völlig neuen Ebene zu gebären. Probleme in diesem Körperbereich können auch unerlöste Angelegenheiten aus der Kindheit betreffen, bei denen es um unsere eigene Geburt oder die Geburt eines Geschwisters geht. Es kann sich auch um Angst vor Sex oder um Gefühle der Aufopferung im Hinblick auf Sex oder Kinder handeln. Dies kann zu Widerstand in bezug auf das Leben und zum Rückzug in emotionaler, körperlicher und sexueller Hinsicht führen.

Beispiele für Probleme mit dem Fortpflanzungssystem

Abtreibung, Totgeburt oder Fehlgeburt

Abtreibung und Fehlgeburt beziehen sich auf die Beendigung der Schwangerschaft, ehe der Fötus lebensfähig ist. Eine Totgeburt ist die Geburt eines toten Fötus. Sie alle spiegeln die verlorenen Aspekte unseres „Selbst“ wider, die in der Kindheit gestorben sind. Wir leben die ursprüngliche Situation aus oder wiederholen sie, und die meisten der Gefühle von Schuld, Versagen und Schmerz rühren von unserem ursprünglichen Kindheitstrauma her. Wenn die Menschen dieses Trauma noch einmal durchleben, berichten sie auf einer intuitiven Ebene, der verlorene Fötus sei ein alter Seelenfreund, ein Engel oder eine Seele, die nach Lernen oder Fortschritt strebt, indem sie durch diese Erfahrung hindurchgeht. Das tut sie, um uns dabei zu helfen, die alte Schuld in bezug auf das verlorene Selbst und den überwältigenden Schmerz zu heilen, damit wir schließlich die ursprünglichen, gestorbenen Aspekte unseres Selbst zurückgewinnen können. Diese Aspekte unseres Selbst, die wir wegen eines Traumas tot in uns tragen, sind tief begraben. Wir geraten in eine selbstzerstörerische Richtung, weil das Problem verdrängt wird. Wenn ein Trauma durch gegenwärtige Umstände zutage tritt, bietet es uns immer eine Gelegenheit, die eigentliche Wurzel des Schmerzes zu heilen, die in der Vergangenheit liegt.

Fibrozystische Brusterkrankungen

Fibrozystische Brusterkrankungen sind durch einen oder mehrere gutartige Tumoren in der Brust gekennzeichnet. Sie zeigen, daß wir ein Element abgeschnitten haben, bei dem es um das Nähren geht. Während wir uns antreiben, um voranzukommen, halten wir an einer ungelösten Sache aus der Vergangenheit fest. Ein Teil unserer Aufgabe besteht darin, *die Menschen um uns* zu nähren, aber weil wir das Gefühl haben, nicht genährt worden zu sein, hegen wir einen Groll. Dieses auf Groll beruhende Werturteil verbirgt unsere eigene Schuld, die ihrerseits wiederum unser Seelengeschenk des Nährens verbirgt. Dieses Geschenk sollte genau den Elternteil nähren, gegen den wir einen Groll hegen, weil er uns nicht genährt hat. All dies ist eine Verschwörung gegen den Teil unserer Lebensaufgabe, der etwas damit zu tun hat, andere zu nähren, weil wir glauben, daß die Aufgabe zu schwer für uns oder das Bedürfnis, das uns umgibt, zu groß ist. Doch wie bei jeder Aufgabe erfüllt der Himmel auch hier unsere Aufgabe durch uns; wir tun es nicht allein. Daher könnten wir die Fürsorge des Himmels für die Menschen empfangen, die uns nahestehen. Irgendwo haben wir entweder eine Rolle angenommen, die im Gegensatz zu wahrem Geben steht, oder wir haben uns gänzlich von dem Geschenk des Nährens zurückgezogen.

Impotenz

Impotenz ist die Unfähigkeit, eine Erektion zu erreichen oder aufrechtzuerhalten. Sie ist ein Zeichen für unsere Gefühle von Machtlosigkeit, Bedürftigkeit und Wertlosigkeit. Es findet ein Machtkampf im Hinblick auf Sex statt. Wir sind in einem inneren Konflikt gefangen. Wir wollen einen anderen Menschen besitzen, während wir unseren Wunsch danach leugnen. Unser Versagen kann Angriff, Selbstangriff und Vergeltung sein.

Kastration

Kastration ist die Entfernung der Hoden, die unsere Angst vor Macht, Männlichkeit und Sex kennzeichnet. Sie spricht von einer unbewußten oder übermäßig großen Schuld in bezug auf Sex. Eine Kastration ist eine Metapher für das Gefühl, daß es uns sehr viel gekostet hat, etwas zu vollbringen, und daß wir mit den besonders wertvollen Perlen dafür bezahlen. Kastration ist eine Form von Selbstangriff an einer Stelle, die wirklich schmerzhaft ist.

Menopause

Menopause ist das Ende der Menstruation. Sie bedeutet, daß wir in den Lebenszyklus der spirituellen oder weisen Frau eintreten. Es ist eine Zeit des Übergangs, in der wir in einer anderen Form des Lebens, Tuns und Seins einen Wert finden müssen. Es ist ein Übergang, bei dem wir einen neuen Wert für uns selbst finden müssen, der nicht mehr länger darin besteht, Kinder zu gebären, sondern darin, Weisheit zu bringen und ein spirituelles Wesen zu sein.

Menstruationskrämpfe

Menstruationskrämpfe rühren daher, daß die Gebärmutter während der Menstruation verkrampft. Sie deuten auf ein Bedürfnis nach Selbsterhöhung, Aufmerksamkeit und Liebe hin und sind eine Form von Selbstangriff dafür, daß wir eine Frau sind. Wir sind auf typische Weise im Teufelskreis einer Frau aus Selbsterhöhung und Aufopferung gefangen. Selbsterhöhung ist vorgetäuschte Liebe, und Aufopferung ist vorgetäuschtes Geben aus Rollen heraus, in denen wir uns selbst nicht geben. Beide halten uns davor zurück, als Frau voll und ganz wir selbst zu sein.

Morgendliche Übelkeit (chronisch)

Die Kennzeichen für morgendliche Übelkeit sind Brechreiz und Erbrechen während der Schwangerschaft. Chronische morgendliche Übelkeit bedeutet, daß wir uns gegen die Veränderung wehren, die wir körperlich und emotional durchmachen. Wir senden einen Ruf nach Liebe und Hilfe aus. Es kann jedoch auch hier Elemente von Bedürftigkeit, Selbsterhöhung, emotionaler Erpressung und Angriff geben. Sie kann auch auf einen Mangel an Verbundenheit zu dem Kind hinweisen, der auf die Trennung und verlorene Verbundenheit unserer eigenen Eltern zurückzuführen ist.

Prämenstruelle Spannung oder prämenstruelles Syndrom (PMS)

Das PMS tritt mehrere Tage vor dem Einsetzen der Menstruation auf. Seine Symptome sind Reizbarkeit, emotionale Spannung, Ängstlichkeit und Launenhaftigkeit. Es spiegelt einen größeren Konflikt zwischen Abhängigkeit und Unabhängigkeit wider. Wir haben ein Bedürfnis nach Hilfe, Beistand und Fürsorge, und im Gegensatz dazu steht eine Abwehrhaltung von Trennung und das Bedürfnis, uns loszureißen oder die Dominanz aufrechtzuerhalten. Wir fühlen uns empfindlich und verletzlich und haben Angst, wieder verletzt zu werden. Es gibt Angst vor Intimität und Sexualität, verbunden mit Zorn über unsere Bedürfnisse und möglicherweise über unsere Lebenssituation. Wegen unseres Mangels an Vertrauen und Kommunikation in bezug auf unsere Gefühle der Verwirrung und Zwiespältigkeit versuchen wir, andere zu kontrollieren. Alte Herzensbrüche hindern uns daran, bereitwillig mit anderen zu kommunizieren und uns mit ihnen zu verbinden, und es mangelt uns an der Zuversicht, den nächsten Schritt zu tun. Wir haben Zuflucht zu emotionaler Schikane und Erpressung genommen, weil wir uns mißverstanden, ungeduldig und intolerant fühlen. Wir können das Gefühl haben, daß das Leben, die Männer oder andere uns etwas schulden. Verbunden damit bringen wir wenig Geduld für uns selbst auf.

Prostataerkrankungen

Die Funktion der Prostata besteht darin, die Flüssigkeit abzusondern, die zu einem Teil der Samenflüssigkeit wird. Sie umgibt den Ausgang der Harnblase und die Harnröhre. Prostataerkrankungen haben eine ganze Reihe von Ursachen, und zumeist handelt es sich um Entzündungen der Prostata. Diese Krankheit bedeutet in der Regel, daß wir Sex als Götzenbild benutzt haben, und wir haben alte Gefühle von Angst, Schuld und Scham im Hinblick auf Sex oder unsere Phantasievorstellungen davon. Es ist möglich, daß wir uns unterbewußt wegen unserer Promiskuität verurteilen, und es kann auch sein, daß wir in einem Konflikt stehen, bei dem es darum geht, unsere Sexualität zum Ausdruck zu bringen. Wir haben unseren kreativen, emotionalen und sexuellen Fluß blockiert und fühlen uns so auch in spiritueller Hinsicht blockiert.

Unfruchtbarkeit

Unfruchtbarkeit ist die Unfähigkeit, Kinder zu empfangen und auszutragen. Wir sind unwillig, auf einer neuen Ebene zu gebären, und wir haben ungelöste Angelegenheiten aus der Kindheit, die sich möglicherweise nichtsahnend in unsere jetzige Beziehung einmischen. Es herrscht ein Gefühl von Verlust, sowohl allgemein als auch in kreativer Hinsicht. Unfruchtbarkeit kann auch ein Zeichen für ungelöste Ahnenprobleme sein, die durch die Familie weitergegeben wurden und in einem traumatischen Kindheitserlebnis nachvollzogen werden, was einen Bereich von verlorener Verbundenheit anzeigt.

Vagina (Infektion)

Eine Hefeinfektion ist ein Pilz, der sich rasch in der Vagina vermehrt, und sie ist ein metaphorisches Zeichen dafür, daß wir im Hinblick auf Sexualität Scham und Schuld empfinden und versuchen, uns selbst zu zügeln. Es ist möglich, daß wir zumindest unterbewußt das Gefühl haben, unser Wunsch nach Sex sei zu stark oder unsere sexuelle Keckheit zu derb. Hefeinfektionen können auch eine Abwehr gegen Sex sein. Die Infektion spiegelt den schmerzlichen Konflikt zwischen sexuellem Ausdruck und sexueller Verdrängung wider.

Vagina (Juckreiz)

Vaginaler Juckreiz ist eine Irritation der Vagina und des sie umgebenden Bereiches, der die Unterdrückung unserer Sexualität und Angst vor unseren sexuellen Phantasien widerspiegelt. Es „juckt uns" danach, sexuell frei, ja sogar wild zu sein, während wir uns gleichzeitig zügeln.

Zervikalerkrankungen (Krebs/Dysplasie)

Positiver PAP-Test

Ein positiver PAP-Test ist die Bildung anomaler Zellen am Gebärmutterhals. Er deutet auf ein Problem hin, das wir mit unserem Vater haben. Krebsbefallene Zellen betreffen sexuelle Scham oder Schuld, ungelöste Angelegenheiten oder Zorn auf unseren Vater. Auf irgendeine Weise haben wir Angst vor dem nächsten Schritt in unserer Sexualität. Statt Liebe durch Geben und Empfangen zu teilen, herrschen im Hinblick auf Sex Mißverständnis und Verwirrung, bei denen es um Rollen und Aufopferung geht. Eine sexuelle Befangenheit und eine ungesunde Egozentrik arbeiten unserer Natürlichkeit entgegen.

Zysten (Gebärmutter)

Gebärmutterzysten bestehen aus fibrösem, verkapseltem Bindegewebe. Die Größe dieser gutartigen Tumoren reicht von einigen Millimetern bis zur Größe der Bauchhöhle. Sie zeigen, daß wir in der Vergangenheit verwurzelt sind und einen Groll hegen, der unter einer tief vergrabenen Schicht von Schuld liegt. Wir wünschen uns eine Geburt, aber wir haben Angst, die Vergangenheit loszulassen und das zu geben, was gefordert ist, um einen Sprung nach vorn zu tun. Unser Wunsch nach einer Geburt geht nicht über den Wunsch hinaus, und die Zysten stehen für einen Widerstand gegen die wahre Geburt, dessen Ursache Angst ist. Zysten stehen für die Unwilligkeit und die Blockade, uns selbst zu nähren und zu gebären. Diese Blockade rührt von einem Ort her, an dem wir geben und nicht empfangen. Vielleicht sind wir in der bemutternden Rolle gefangen, uns um die ganze Familie zu kümmern. Wir benutzen die Rolle und unsere Familie als Ausrede, um nicht weiterzugehen und unser Leben in einer Weise zu leben, die sie am besten ermutigen und unterstützen würde.

Das Lymphsystem

Das Lymphsystem funktioniert als Reinigungs- und Abwehrsystem für den Körper. Die Lymphflüssigkeit benetzt das Gewebe und hält das Flüssigkeitsgleichgewicht aufrecht, wobei sie Bakterien beseitigt und dem Blut Proteine und Flüssigkeit zuführt. Probleme mit dem Lymphsystem sind das Resultat eines Ungleichgewichts in unserem Leben. Aus diesem Grund fühlen wir uns verwundbar, und daher wehren wir uns gegen das Ungleichgewicht, indem wir versuchen, uns zu schützen. Das kann dazu führen, daß wir eine übermäßige Abwehr aufbauen. Das wiederum könnte uns dazu bringen, daß wir durchs Leben hinken,[7] statt voll und ganz zu leben.

Beispiele für Probleme mit dem Lymphsystem

Lymphödem

Ein Lymphödem ist eine Ansammlung von Flüssigkeit im Gewebe, deren Ursache ein blockiertes Lymphgefäß ist. Dieser Zustand zeigt etwas an, das wir nicht losgelassen haben, das uns emotional zurückgehalten hat. Es gibt etwas, das den Fluß in unserem Leben unterbricht.

Lymphom (Hodgkin-Krankheit)

Ein Lymphom ist eine Krankheit, bei der die Lymphozyten sich rasch vermehren, was zu einer starken Vergrößerung der Lymphknoten führt. Jede Krankheit, das Lymphom aber ganz besonders, ist ein lauter Ruf nach Hilfe und Unterstützung. Es kann auch ein Anzeichen für einen Ort sein, an dem wir uns schuldig fühlen und nicht fähig sind, unsere Unschuld zu finden.

---

7 Anm. der Übersetzerin: Hier spielt der Verfasser mit der fast identischen Aussprache von *lymph* = „Lymphe“ und *to limp* = „hinken“ oder „humpeln“.

Das Immunsystem

Das Immunsystem schützt den Körper vor eindringenden Mikroorganismen. Wenn das Immunsystem aktiviert wird, wie es bei einer Infektion der Fall ist, arbeiten wir an einem Konflikt in unserem Leben. Probleme mit dem Immunsystem bedeuten, daß wir uns verwundbar fühlen und Verteidigungsmaßnahmen für uns selbst planen wollen. Doch emotional gesehen halten unsere Verteidigungsmaßnahmen uns genauso sehr zurück wie die Emotionen, gegen die wir uns verteidigen. Wir stecken in einem Kampf fest, was deutlich macht, daß wir Angst haben weiterzugehen, statt einfach den nächsten Schritt in unserem Leben zu tun.

Beispiele für Probleme mit dem Immunsystem

Allergien

Eine Allergie ist die hypersensible Reaktion unseres Körpers auf eine Substanz in der Umwelt. Die Substanz, gegen die wir allergisch sind, steht für einen Teil unserer selbst, den wir verurteilt, zurückgewiesen und abgetrennt haben, und wir benutzen unsere allergische Reaktion, um uns selbst anzugreifen. Deswegen beruht eine Allergie auf Selbstverurteilung, die auf einen Widerstand gegen das Leben hinweist. Wir leben ein verborgenes Element von Narzißmus aus, indem wir übermäßig sensibel sind. Unsere Allergien können auch von ungelösten Angelegenheiten mit toxischen Personen oder Situationen herrühren. Dies verbirgt eine tiefere Ebene negativer Selbstvorstellungen, die uns als toxisch, schädlich oder giftig widerspiegeln.

Autoimmunerkrankungen

Autoimmunerkrankungen weisen darauf hin, daß unser Körper seine Fähigkeit verloren hat, zwischen normalen und fremden Substanzen zu unterscheiden. Normalerweise produziert unser Immunsystem Antikörper, um sich gegen fremde Stoffe zur Wehr zu setzen; bei Autoimmunerkrankungen hält der Körper sich selbst jedoch irrigerweise für fremd und greift sich selbst an. Eine Autoimmunerkrankung reflektiert immer Werturteil, Selbstzurückweisung und Selbstangriff. Diese Krankheit zeigt einen inneren Konflikt auf, bei dem es auch um einen zwischenmenschlichen Konflikt mit einem anderen Menschen gehen kann. Diese Krankheit tritt entweder in der Gegenwart oder aus der Vergangenheit heraus zutage, und sie steht für einen Ort in unserem Leben, an dem es ein gebrochenes Herz und eine Niederlage gegeben hat.

Bauchspeicheldrüsenentzündung (Pankreatitis)

Pankreatitis ist eine Entzündung der Bauchspeicheldrüse, die darauf zurückzuführen ist, daß die Bauchspeicheldrüse sich mit Hilfe ihrer Enzyme selbst verdaut. Dies weist darauf hin, daß wir große Schwierigkeiten damit haben, Gefühle und Erfahrungen als Grundlage dessen zu verstehen und zu integrieren, was wir im Leben tun. Es gibt ein größeres Mißverständnis, das dazu führt, daß wir uns selbst angreifen, und das zu einem besessenen Trieb geworden ist, der uns von innen heraus auffrißt.

Bläschenausschlag (Herpes)

Beim Bläschenausschlag handelt es sich um eine Infektion auf den Lippen, die durch den Virus *Herpes simplex* hervorgerufen wird. Der Bläschenausschlag ist eine Klage über die emotionale Kälte[8], die wir vermeintlich von anderen Menschen erlitten haben und die sich so auf nicht-verbale Weise zum Ausdruck bringt. Er spiegelt auch eine Negativität wider, die wir auf einer bestimmten Ebene zurückhalten wollen. Vielleicht fühlen wir ein tiefes Bedürfnis und versuchen, einen Mangel an emotionaler Wärme in unserem Leben auszuglei-

---

8 Anm. der Übersetzerin: Im Englischen heißt der Ausschlag *cold sore*, also eine „kalte wunde Stelle".

chen. Auf jeden Fall verbirgt unser Bläschenausschlag eine innere Angst vor Intimität.

Entzündliche Darmerkrankungen

Entzündliche Darmerkrankungen sind Erkrankungen des Darms, die Durchfallattacken, Krämpfe und Fieber hervorrufen. Sie spiegeln Sorgen und Gefühle wider, daß wir „es verlieren" und „es nicht zusammenhalten" können. Existentielle Sorgen, Gedanken und Ängste können vorhanden sein, zusammen mit Gefühlen, vernachlässigt und verloren zu sein. Häufig empfinden wir unterbewußt ein Gefühl der Aufopferung und haben das Gefühl, daß wir dafür, daß wir uns so sehr aufopfern, nicht genug zurückbekommen.

Entzündung

Eine Entzündung ist eine lokal auftretende Schutzreaktion gegen eine Verletzung oder Infektion. Eine Entzündung entsteht durch unseren unterdrückten, unerlösten Zorn, der daher rührt, daß wir das Gefühl haben, manchmal sogar durch Kleinigkeiten irritiert und zum Opfer gemacht zu werden.

Erkältung

Dies ist eine Virusinfektion der oberen Atemwege. Eine Erkältung zeigt uns, daß wir traurig sind und an jemandem oder etwas festhalten, weil wir Angst davor haben weiterzugehen. Wir haben Verluste erlitten, um die wir immer noch trauern.

Fußpilz

Fußpilz ist eine Pilzinfektion der Füße, die darauf hindeutet, daß es uns danach juckt weiterzugehen. Wir sind ehrgeizig und wollen etwas erreichen. Dieses Bedürfnis wird jedoch von anderen Teilen unserer selbst unterdrückt oder steht zu diesen in einem Konflikt.

Gürtelrose

Gürtelrose ist eine Infektion, die bei erwachsenen Menschen durch den Virus *Herpes zoster* (Windpocken) ausgelöst wird. Gürtelrose kann von Gefühlen herrühren, daß wir jemand anderen mit einem Fluch belegt haben oder von jemand anderem mit einem Fluch belegt wurden und dies akzeptiert haben. Für den zuletzt genannten Punkt sind wir aber nur dann offen, wenn unsere Überzeugung oder unsere Negativität uns dafür öffnet. In bezug auf bestimmte emotionale Reize fühlen wir uns dünnhäutig, gestreßt, überlastet, übermäßig empfindsam und reaktiv.

Heuschnupfen

Heuschnupfen ist eine Allergie, die durch Niesen, eine laufende Nase und juckende, wäßrige Augen gekennzeichnet ist. Gewöhnlich sind wir im Frühjahr von ihr betroffen, wenn Pollen in der Luft ist. In dieser Zeit der Neugeburt herrscht eine Melancholie oder Traurigkeit, die von alten Verlusten herrührt. Sie wird generell durch kompensierende Persönlichkeiten oder Aspekte des Selbst zugedeckt, die alle zu einer Zeit verlorener Verbundenheit begannen. Sehr oft handelt es sich hier um ein Ahnenproblem, das an uns weitergegeben wurde. Wir haben das Gefühl von Melancholie und Traurigkeit. Wir haben etwas unterdrückt oder verdrängt.

HIV/AIDS

HIV-positiv

Die Infektion mit dem humanen Immunschwächevirus (HIV[9]) führt oft zur Entwicklung des erworbenen Immunschwächesyndroms (AIDS[10]), bei dem das Immunsystem des Körpers ernsthaft in Gefahr ist. Auf den allertiefsten Ebenen spiegelt diese Infektion verborgene Kämpfe mit Aspekten von Wertlosigkeit und Sinnlosigkeit wider. Wir haben Kompensationen und natürliche Abwehrvorrichtungen verlo-

9 Englisch: *H*uman *I*mmunodeficiency *V*irus.
10 Englisch: *A*cquired *I*mmune *D*eficiency *S*yndrome.

ren, die wir in dem Versuch benutzt haben, uns selbst zu schützen, und emotionalen Schmerz vergraben, so daß nur die Krankheit selbst nun den emotionalen Schmerz verbirgt. Wie jede Abwehr führt auch diese Krankheit letztlich genau die Gefühle herbei, vor denen sie uns eigentlich schützen sollte. Eine lebenswichtige Verbindung ging verloren. Wir haben das Gefühl, daß wir von Familie, Gemeinschaft und Gesellschaft getrennt sind. Aus diesem Grund fühlen wir uns entfremdet, getrennt, wehrlos und ungeschützt. Wir haben das Gefühl, daß wir es allein schaffen müssen. In unserer Kindheit hat etwas gefehlt, das uns verwundbar und schutzlos zurückgelassen hat.

AIDS

Diese Krankheit bedeutet, daß unser Körper seine Fähigkeit verloren hat, zwischen normalen und fremden Substanzen zu unterscheiden. Normalerweise produziert unser Immunsystem Antikörper, um sich gegen fremde Stoffe zur Wehr zu setzen. Bei der Autoimmunerkrankung hält unser Körper sich selbst für fremd und greift sich an. Das Entstehen dieses Syndroms ist auf extrem starken Selbstangriff und Selbstverurteilung zurückzuführen. Wir verurteilen die Gesellschaft, die uns, wie wir glauben, ihrerseits nun verurteilt und angreift. Wir haben das Gefühl, daß wir keine Möglichkeit haben, uns gegen einen Angriff zu verteidigen. Auf einer bestimmten Ebene empfinden wir die Unfähigkeit, Hilfe zu empfangen oder zu geben. Statt die Führerschaft zu übernehmen, sind wir in der Falle von Märtyrertum und Rebellion gefangen. Das Märtyrertum nimmt die Form an, daß es keine Hilfe empfangen kann, während es gleichzeitig die Fähigkeit zu geben bei Eltern, Familie und Gesellschaft kritisiert. Doch wir lehnen das ab, wozu wir aufgefordert oder berufen sind: Geben, Führerschaft, unsere Aufgabe und Vision. Genau diese Dinge würden es uns erlauben, all die Hilfe und den Trost zu empfangen, nach denen wir uns so sehr sehnen.

Infektion

Bei einer Infektion dringen Mikroorganismen in das Gewebe des Körpers ein, und sie bedeutet, daß es im Körper eine Kriegszone gibt. Eine Infektion zeigt, daß wir uns der Aufforderung zur Veränderung widersetzen und statt dessen in einen Kampf geraten. Wir fühlen uns überrannt und zum Opfer gemacht, und deshalb kämpfen wir dagegen an.

Infektion (systemisch)

Eine systemische Infektion ist eine Infektion, die den gesamten Körper betrifft, und sie bedeutet, daß wir uns in einem größeren Konflikt befinden. Sie kann auch bedeuten, daß wir davon überzeugt sind, giftig oder destruktiv zu sein, und diese Überzeugungen durch Selbstangriff kompensieren. Um die Menschen, die wir lieben, nicht zu infizieren, lenken wir die Negativität und den Angriff auf uns selbst. Wir haben Angst, unsere Lebensaufgabe zu umarmen, weil wir Angst haben, daß wir anderen Schaden zufügen werden. Unsere irrigen, nicht integrierten Schattenfiguren halten unsere Angst vor uns selbst aufrecht.

Influenza (Grippe)

Die Influenza ist eine systemische Virusinfektion, die ein starkes Gefühl widerspiegelt, daß wir zum Opfer gemacht werden. Zuweilen haben wir das starke Gefühl, daß etwas endet, aber wir können keinen neuen Anfang erkennen. Wir fühlen uns überfallen und überwältigt und wollen zurückweichen. Wir verstricken uns in etwas und fühlen uns ein wenig überwältigt. Bei allen Krankheiten, aber besonders bei der Influenza, müssen wir uns ausruhen und die Dinge langsamer angehen lassen, um uns wieder zu integrieren und unsere Mitte wieder neu zu finden, damit wir erneut bereit werden weiterzugehen. Wir versuchen, der gegenwärtigen Situation zu entfliehen.

Karies (Zahnfäule)

Karies ist ein Loch im Zahn, das durch Verfall und einen Fäulnisprozeß entsteht, der durch Bakterien gefördert wird. Faulende Zähne weisen auf Weichheit des Charakters oder emotionales Sich-gehen-Lassen hin. Die Zähne gelten als bester und schnellster Indikator für den Charakter eines Menschen. Sie können auch Probleme mit uns selbst sowie mit Familiensituationen und -dynamiken widerspiegeln.

Lungenentzündung (Pneumonie)

Pneumonie ist eine Entzündung der Lungen, bei der diese sich mit Flüssigkeit füllen. Sie ist ein „neuer Seufzer“ inmitten aller anderen Verluste. Es gibt einen neuen Verlust, einen klassischen Fall von profundem Kummer. Wir scheinen in Gefühlen des Grams zu ertrinken.

Meningitis

Meningitis ist eine Entzündung der Häute, die Gehirn und Rückenmark bedecken. Wir sind desillusioniert worden im Hinblick auf etwas, von dem wir meinen, es sei für unser Leben von zentraler Bedeutung. Das hat zu Zorn, Enttäuschung und Todesversuchung geführt. Meningitis kann auf die zutage tretende tiefste Kernerinnerung hindeuten, wo wir das Gefühl hatten, nicht sicher und nicht geschützt zu sein. Unser Konflikt rührt daher, daß wir uns auf eine Weise emotional angegriffen fühlen, die uns den Mut raubt und mit Angst erfüllt. Er kann von unerwiderten Gefühlen herrühren oder daher, daß wir nicht bekommen, was wir bekommen wollten. Das kann geschehen, obwohl wir auf eine bestimmte, vorgeschriebene Weise handeln oder die „richtigen“ Dinge tun. Es herrschen Frustration oder Zorn, weil wir nicht das bekommen, was wir wollen. Unsere Konflikte rühren daher, daß wir nicht bereit sind weiterzugehen. Zwar gibt es bei jeder Krankheit eine Beziehungskomponente, aber möglicherweise betont diese Krankheit die Seite, bei der es um unsere Aufgabe, unsere berufliche Laufbahn oder unser „Tun“ geht.

Mononukleose (Drüsenfieber)

Mononukleose ist eine Virusinfektion, die in der Regel durch Küssen übertragen wird und daher allgemein auch als „Kußkrankheit“ bekannt ist. Sie kann von Gefühlen des Verlustes, der Einsamkeit, der Sinnlosigkeit und der Depression herrühren. Wir fühlen uns verloren, fehl am Platz, geschwächt und überwältigt. Wir schlafen viel, um einer äußerst wichtigen Angelegenheit aus dem Weg zu gehen, der wir uns stellen müssen, wie zum Beispiel Beziehung oder Sexualität.

Wegen eines zerbrochenen Traums oder einer Angst, daß ein Traum oder eine Phantasievorstellung sich möglicherweise nicht verwirklichen lassen, haben wir Angst weiterzugehen.

Schuppenflechte (Psoriasis)

Psoriasis ist in der Regel ein chronisches Problem, das zumeist auf Kopfhaut, Knien, Ellbogen, Rücken, Brust und Pobacken in Form einer wiederkehrenden Dermatitis mit leuchtend roter Haut auftritt. Diese Krankheit deutet darauf hin, daß wir im Hinblick auf einen oder mehrere Menschen Irritation und Ärger unterdrückt haben, und das kann zu einer Hypersensibilität führen. Psoriasis rührt von unserer falschen Wahrnehmung her, die uns dazu bringt zu reagieren, statt auf andere einzugehen und ihnen zu helfen. Wir verspüren einen Wunsch nach Frieden, aber wir haben unsere Emotionen unterdrückt, statt mit ihnen umzugehen, und das vermittelt uns das Gefühl, daß wir uns aufopfern, damit die Dinge besser werden. Dies kann von einer Überlastung durch alte, aber in der Gegenwart auftretende Emotionen und Konflikte in unserer Familie herrühren. Wir schlucken vergangene oder gegenwärtige Disharmonie hinunter und versuchen die Dinge besser zu machen, auch wenn es auf unsere persönlichen Kosten geschieht. Das gilt ganz besonders für die Konflikte, bei denen das Weibliche zum Sündenbock gemacht wird: Mutter, Schwester oder eine Partnerin. Dieses emotionale Problem und dermatologische Symptom kann auch ein Ahnenproblem sein.

Verstopfte Nase/Sinusitis (Nasennebenhöhlenentzündung)

Bei einer verstopften Nase oder Sinusitis ist die Schleimhaut der Nasennebenhöhlen entzündet. Dies reflektiert einen emotionalen Stau, eine emotionale Verstopfung nicht verarbeiteter Gefühle. Wir haben bestimmte Emotionen durch Leugnung und Trennung verborgen. Sinusitis ist eine gegenwärtige Traurigkeit, die durch eine ältere chronische Traurigkeit oder einen älteren Verlust ausgelöst wird.

Zellulitis

Zellulitis ist ein diffuser entzündlicher Prozeß im Gewebe. Sie spiegelt unsere Gefühle wider, daß wir durch Forderungen, Überarbeitung, Konflikte und unseren emotionalen Prozeß überwältigt, belagert und erschöpft sind. Wir fühlen uns durch eine von außen kommende Angelegenheit angegriffen, möglicherweise getäuscht oder „ausverkauft“. Von den Angelegenheiten, die anstehen, fühlen wir uns überwältigt und übermannt, aber wir kämpfen tapfer, auch wenn die Chancen gegen uns stehen. Zwar haben alle Krankheiten diese Dynamik, uns zu einem Objekt zu machen und uns auch als solches zu behandeln, aber bei Zellulitis kann dies eine größere Rolle spielen. Wir haben uns selbst als Körper identifiziert und uns unserem geistigen Erbe widersetzt.

Der Geist

Der Geist ist jener Aspekt der Seele, der das Gehirn erhellt und den Körper antreibt. Unser Körper lenkt uns ständig von der Wahrheit über uns selbst, unsere Kreativität und unser höheres Bewußtsein ab – jenen Teil von uns, der unser geistiges Wesen ist. Probleme entstehen dort, wo wir zu der Überzeugung gelangt sind, daß wir die Identität unseres Ego als Körper sind, statt vielmehr unserer Seele oder unseres „Selbst". Die Strategie des Ego besteht darin, den Körper zu Zwecken von Stolz, Vergnügen oder Angriff zu benutzen. Dadurch wird der Körper für eine Strategie aufs Spiel gesetzt, die keinen Erfolg haben kann. Wir haben die Verbindung zu unserem höheren Bewußtsein verloren. In der Regel verbringen wir den ersten Teil unseres Lebens damit, unser Ego aufzubauen, und dann, wenn wir auch weiterhin wachsen und uns entwickeln wollen, verbringen wir den Rest unseres Lebens damit, die Trennung oder Einstellung des „ich allein" oder „zuerst ich" zugunsten einer natürlichen Selbstzentriertheit abzulegen, die Partnerschaft, Familie, Zusammenarbeit und Gesundheit fördert.

Das Ego ist auf Verzerrung, Ablenkung und Verzögerung angelegt – auf alles, was sich selbst aufbaut, ungeachtet der Tatsache, daß es uns hindert weiterzugehen. Das Ego ist das Prinzip von Trennung anstelle von Verbindung, Grandiosität anstelle von Größe, Angst anstelle von Liebe, Nehmen anstelle von Geben, Bekommen anstelle von Empfangen, Wettbewerb anstelle von Zusammenarbeit, Selbstangriff anstelle von Selbstliebe, Gewinnen und Verlieren anstelle von Gemeinsamkeit und Teilen. Das Ego will den Körper nur für den eigenen Gewinn statt zur Kommunikation benutzen. Diese psychologische Einstellung ist für den Körper eine Gefahr. Auch wenn das in diesem Buch vorgestellte Modell erkennt, daß alle den Körper betreffenden Angelegenheiten verborgene Konflikte des Geistes sind, so zeigt die folgende Kategorie ganz direkte oder offensichtliche psychologische Angelegenheiten auf.

Beispiele für Probleme mit dem Geist

Alzheimersche Krankheit

Die Alzheimersche Krankheit ist eine Form von Demenz, die mit dem Verlust von Gedächtnis, Sprachvermögen und körperlichen Fähigkeiten einhergeht, begleitet von einem Nachlassen der geistigen Funktionen und Desorientierung. Dies geschieht aus einem Leben unverarbeiteter Emotionen und zerbrochener Träume heraus, verbunden mit dem Verlust der Hoffnung, weil wir das Gefühl haben, daß unsere Zeit zu Ende geht. Aus zerbrochenen Träumen entsteht das Gefühl, daß wir Gelegenheiten verpaßt und nicht unserem Potential entsprechend gelebt haben. Wir sind enttäuscht von uns selbst und haben den Wunsch, zu einer besseren Vergangenheit zurückzukehren. Wir sind nicht bereit, uns mit der Gegenwart auseinanderzusetzen, weichen vor unserer Aufgabe und vor dem Leben zurück und ziehen uns in die Vergangenheit zurück. Wir verspüren den großen Wunsch, zu vergessen und in der Vergangenheit zu leben, und wir fühlen uns nicht mehr stark genug, um mit der Art und Weise umzugehen, in der wir die Dinge gegenwärtig tun, denn sie hat nur zu Enttäuschung geführt. Wenn wir an der Alzheimerschen Krankheit leiden, heißt das, daß wir viele Erfahrungen gemacht haben, die wir emotional nicht verstanden oder nicht verarbeitet haben. Wir leiden an zerbrochenen Träumen und sind von den Verlusten und Enttäuschungen des Lebens überwältigt, und daher ziehen wir uns in uns selbst und unsere eigene Welt zurück.

Angstzustände

Angstzustände sind Gefühle von dunkler Vorahnung oder großer Furcht, die auf vielen verschiedenen Ebenen erfahren werden können. Sie reichen von einem allgemeinen Gefühl des Unbehagens bis zu einer Störung, bei der anhaltende Angstzustände die Form von Panikattacken annehmen. Wenn die Ebene der Angstzustände hoch genug ist, lösen sie die Reaktion von „Kampf oder Flucht" aus, bei der Adrenalin freigesetzt wird und die eine instinktive Überlebensreaktion ist. Angstattacken sind das Ergebnis eines „Lecks" im unbewußten Geist, das zu einer generalisierten und undifferenzierten Angst führt. Wir fühlen uns bedroht, und Angst ist die Reaktion auf die Bedrohung. Angstzustände sind eine falsche Wahrnehmung, die zu undifferenzierten, unbewußten Ängsten und Ahnenproblemen führt.

Bulimia nervosa (Eß-Brech-Sucht)

Bulimia nervosa ist eine Eßstörung, die durch episodische Eßattacken gekennzeichnet ist, denen eine Entleerung folgt, entweder durch absichtlich herbeigeführtes Erbrechen oder durch die Verwendung von Abführmitteln. Gefangen zwischen dem Bedürfnis, uns gehen zu lassen, und dem Bedürfnis nach gesellschaftlicher Anerkennung wollen wir „den Kuchen behalten und gleichzeitig essen“[11]. Wir leiden an Problemen im Hinblick auf unser Selbstbild und haben das starke Bedürfnis nach Zustimmung und Akzeptanz. Außerdem befinden wir uns in einem Teufelskreis aus Sich-gehen-Lassen/Selbstangriff/Entleerung/Bedürfnis/Sich-gehen-Lassen und so fort.

Bulimie ist ein ähnliches Problem wie Anorexie (Magersucht), aber die Symptome sind anders. Wir haben das Bedürfnis nach Liebe und Fürsorge und versuchen, es durch Essen zu erfüllen, doch wegen unserer Gefühle der Bedürftigkeit greifen wir uns selbst an. Wir befürchten mangelnde Anerkennung und den Verlust unserer Anziehungskraft, wenn wir an Gewicht zunehmen. So pendeln wir ständig hin und her zwischen dem Sicheinverleiben von Nahrung (wobei wir manchmal versuchen, Erfahrungen im allgemeinen gierig zu verschlingen) und ihrer Zurückweisung. Wir haben das Gefühl, die Kontrolle verloren zu haben, und fühlen uns hilflos, aber derjenige, der uns tyrannisiert, sind wir selbst. Wie bei der Anorexie haben wir kritische und unangemessen hohe Erwartungen an uns selbst. Die Selbstbesessenheit von Eßstörungen ist eine Falle, die unser Ego benutzt, um uns daran zu hindern, die Hilferufe und Bedürfnisse anderer in unserer Umgebung zu hören. Eßstörungen zeigen ein Ungleichgewicht zwischen männlich und weiblich auf, und sie bergen ein tiefes Bedürfnis nach – aber auch Angst vor – Intimität und spiritueller Partnerschaft.

---

11 Anm. der Übersetzerin: Es gibt ein englisches Sprichwort, das lautet: *„You can't have the cake and eat it, too.“* Übersetzt: „Du kannst den Kuchen nicht behalten und gleichzeitig essen.“

Depression

Die Weltgesundheitsorganisation hat Depressionen als das größte gesundheitliche Problem bezeichnet. Ihr Ursprung liegt in einem Verlust, den wir nicht überwunden haben. Gefühle von Traurigkeit, Niedergeschlagenheit, Melancholie, Schwäche und Opfersein können Anzeichen einer Depression sein. Eine Depression ist eng mit einem Mangel an Selbstachtung verbunden, und sie ist unsere Weigerung, nach einem Verlust, einem zerbrochenen Traum oder einer Sache, von der wir glaubten, sie würde uns glücklich machen, im Leben weiterzugehen.

Koma

Ein Koma ist eine anomale, extrem tiefe körperliche und geistige Regungslosigkeit, die das Resultat einer Krankheit oder einer Verletzung ist. Folgende Stufen führen – in der genannten Reihenfolge – zu einem emotionalen Koma: Anstrengung, Aufopferung, Selbstmarter, Wertlosigkeit, Überwältigung, Burnout[12], Aufgabe, Schock und Koma. Einem Koma liegt das Muster zugrunde, daß wir, als wir Kind waren, in dem Versuch, unsere Familie zu retten, alles gegeben haben und uns doch überwältigt fühlten. Wenn das geschieht, liegen bestimmte Aspekte unseres Selbst, die wir in uns tragen, in der Regel bereits in einem emotionalen Koma. Zu anderen Zeiten in unserem Leben kann das zu einem körperlichen Koma führen. Zumindest ein Selbst fällt in ein Koma in dem Versuch, die Dinge besser zu machen. Dieses Selbst hat sich aufgeopfert und alles gegeben, was es zu geben hatte, und es hat sich über jedes Maß hinaus angestrengt, sich aufzuopfern. Dies ist eine Kompensation für einen oder mehrere Aspekte unseres Selbst, die gestorben oder in ein Koma gefallen sind.

12 Anm. der Übersetzerin: Als *Burnout* bezeichnet man das Gefühl einer völligen Erschöpfung (Burnout-Syndrom). Man fühlt sich – im wahrsten Sinne des Wortes – „ausgebrannt".

Schizophrenie

Schizophrenie ist durch Rückzug und zuweilen irreführendes Verhalten gekennzeichnet. Das Wort stammt aus dem Griechischen und bedeutet gespaltener Geist. Unsere Identität und unsere wichtigsten Selbstkonzepte haben einen Bruch erlitten. Wir befinden uns in einem Konflikt, der so groß ist, daß er die natürliche Einheit des Geistes zerstört hat. Es gibt etwas Herzzerbrechendes, das zu akzeptieren wir uns fürchten und das uns davon abhält weiterzugehen.

Sucht

Sucht ist eine physiologische und psychologische Abhängigkeit von einer bestimmten Substanz. Sucht ist das Ausleben einer extremen Form von Bedürfnissen, verbunden mit der Überzeugung, daß etwas außerhalb unserer selbst uns Erleichterung bringen wird. Dies kann nur zu einer tiefgreifenden Enttäuschung führen. Unsere Überzeugung basiert auf Gefühlen der Unzulänglichkeit und des Nichtgeliebtseins. Wir glauben, daß das, was wir benutzen und wonach wir süchtig sind, uns das bringen wird, was uns fehlt, nämlich die Vervollständigung des Selbst.

Sucht rührt von einer Geschichte der Bedürftigkeit her, von einem Drehbuch, in dem es darum geht, daß wir nie genug Liebe und Fürsorge erhalten haben, und das wir nun als Ausrede benutzen, um zu nehmen. Sucht kann aus einem entscheidenden Verlust von Verbundenheit und der daraus folgenden Trennung und Entfremdung entstehen. Die Sucht verdeckt eine Angst vor Führerschaft und die Vermeidung eines ganz speziellen Hilfeprojekts, das uns die Erfüllung bringen würde, die wir brauchen. Ultimativ wird Sucht benutzt, um unsere Lebensaufgabe zu leugnen, weil das Gefühl, daß wir nichts vollbringen, so groß ist.

Neben verlorener Verbundenheit und unerfüllten Bedürfnissen reflektiert Sucht einen unerlösten Herzensbruch, zerbrochene Träume und eine Abwendung vom Leben. Die Dynamiken, die normalerweise allen Süchten zugrunde liegen, sind großes Bedürfnis, verlorene Verbundenheit und eine Überzeugung, daß etwas außerhalb unserer selbst uns retten kann. Außerdem gibt es die Dynamiken von Sich-gehen-

Lassen, Trennung, Aufopferung und Selbstangriff, und es gibt die Teufelskreise, die mit Manipulation/ Unwürdigkeit beginnen, dann zu Nehmen/Bekommen weitergehen und schließlich zu Leere/größerem Hunger führen, ehe der Zyklus wieder von neuem beginnt.

Die Sinnesorgane

Die Sinnesorgane sind unsere Empfänger. Sie sind dafür verantwortlich, Informationen aus der Welt aufzunehmen, die uns umgibt. Bei Problemen mit den Sinnesorganen geht es zumeist um unsere Weigerung, eine bestimmte Botschaft zu empfangen, die uns dabei helfen soll weiterzugehen. Häufig geschieht das deshalb, weil wir die Dinge auf unsere Weise tun wollen, da wir glauben, daß unsere Art und Weise die bessere ist. Probleme mit unseren Sinnesorganen deuten darauf hin, daß wir Angst davor haben weiterzugehen.

Beispiele für Probleme mit den Sinnesorganen

Grauer Star (Katarakt)

Der Graue Star ist eine zunehmende Trübung der Linse oder der Linsenkapsel des Auges. Es können auch beide betroffen sein. Er tritt zumeist im Alter auf. Der Graue Star wird durch etwas hervorgerufen, das wir nicht sehen wollen. Er kann eine Angst vor Verlust, Sex oder Aktion anzeigen. Unsere Angst, weiterzugehen und den nächsten Schritt tun zu müssen, rührt von unserer Weigerung her, uns mit bestimmten Gefühlen oder Angelegenheiten auseinanderzusetzen.

Grüner Star (Glaukom)

Der Grüne Star ist eine Augenkrankheit, die durch einen Anstieg des Drucks im Auge verursacht wird. Dieser Druck kann schließlich zu einer Atrophie des Sehnervs und zur Erblindung führen. Die Neigung zu dieser Krankheit wird in der Familie weitergegeben. Sie steht für einen emotionalen Druck oder für einen Ort, an dem ein Selbst in einem emotionalen Trauma gefangen ist. Wir treiben uns selbst an, etwas zu tun, aber wir sehen keinen Weg, es zu tun und weiterzugehen.

Schließlich folgt die Erblindung, weil es etwas gibt, das wir nicht sehen wollen. Auf einer bestimmten Ebene bestehen wir unnachgiebig darauf, wie wir selbst oder die Dinge sind. Wir sind nicht bereit, unsere Verantwortung und Notwendigkeit zu erkennen, uns zu ändern, weiterzugehen oder den Weg zu finden. Statt dessen geben wir uns emotional preis, bis wir einen Punkt erreicht haben, an dem wir uns überlastet und überwältigt fühlen.

Kurzsichtigkeit

Kurzsichtigkeit ist die Unfähigkeit, in der Entfernung klar zu sehen. Sie spiegelt unsere mangelnde Fähigkeit wider, weitreichende Perspektiven zu begreifen. Außerdem fehlt etwas in unserer spirituellen Vision.

Makuladegeneration

Bei einer Makuladegeneration gehen Zellen im Auge zugrunde, was zu einem Verlust der zentralen Sehschärfe im betroffenen Auge führt. Das periphere Sehvermögen ist davon nicht in Mitleidenschaft gezogen. Dieses Leiden steht dafür, daß wir das nicht sehen, was offensichtlich ist, und das verpassen, was sich vor unserer Nase befindet und in unserem Leben von zentraler Bedeutung ist.

Ohrinfektionen

Eine Ohrinfektion ist eine gewöhnlich durch Bakterien hervorgerufene Infektion, die im Inneren des Ohres auftritt. Jede Infektion im Körper ist eine Kriegszone. Sie ist ein Ort, an dem wir uns einem Ruf nach Veränderung widersetzen und statt dessen in einen Kampf geraten. Die Metapher ist das „Schlachtfeld“, auf dem die Verteidigungskräfte des Körpers den eindringenden Mikroorganismen entgegentreten. Es spielt eine große Rolle, welcher Bereich des Körpers von der Infektion betroffen ist. Die körperlichen Symptome einer Ohrinfektion sind der Schmerz der Entzündung und häufig ein Verlust des Hörvermögens. Eine Entzündung deutet auf etwas hin, über das wir zornig und „entbrannt“[13] sind. Sie weist auf etwas hin, das wir nicht hören wollen und gegen das wir kämpfen, um es nicht hören zu müssen. Außerdem spielt es eine Rolle, welches Ohr von der Infektion betroffen ist. Wenn das rechte Ohr entzündet ist, gibt es in bezug auf unsere geschäftliche oder berufliche Laufbahn oder auf unseren Vater, Ehemann oder Partner etwas, das wir nicht hören wollen. Wenn das Problem in unserem linken Ohr auftritt, kämpfen wir darum, etwas in bezug auf Beziehungen oder unsere Mutter, Ehefrau oder Partnerin nicht hören zu müssen.

Taubheit

Taubheit ist das völlige oder teilweise Fehlen des Hörvermögens. Sie weist auf etwas hin, das wir nicht hören wollen, entweder in bezug auf Beziehungen (linkes Ohr) oder in bezug auf unsere berufliche Laufbahn (rechtes Ohr). Wir haben Angst vor unserer Aufgabe, und es gibt etwas, das wir nicht lernen wollen. Es gibt einen Bereich, in dem wir uns selbst abgeschnitten haben und in dem wir zögern, uns dem Tanz des Lebens anzuschließen. Weil wir die Dinge auf *unsere* Weise tun wollen, wollen wir etwas, das andere oder unsere innere Stimme uns sagen wollen, nicht hören. Taubheit bedeutet, daß es in uns ein bestimmtes Maß an Sturheit und Unwilligkeit gibt, zuzuhören und zu kommunizieren.

Tinnitus

Ein Tinnitus ist ein Hörleiden, das mit einem Klingeln oder Summen im Ohr einhergeht. Es weist uns metaphorisch darauf hin, daß wir aufgerufen sind, auf eine Botschaft, Führung oder Intuition zu hören, die wir bislang unterdrückt haben. Wir sind in unserer Angst vor dem nächsten Schritt gefangen und lenken uns mit Unwesentlichem ab, so daß wir uns nicht mit dem auseinandersetzen, was wirklich von Bedeutung ist. Wir haben Angst vor unserem Selbst, unserer Aufgabe und unserer Macht.

---

13 Anm. der Übersetzerin: Im Englischen ist *inflammation* die „Entzündung“. Das Verb *to be inflamed* bedeutet gleichzeitig „von etwas entbrannt sein“ oder „über etwas erregt sein“.

Trockene Augen

Trockene Augen entstehen, wenn die Augen nicht mehr auf natürliche Weise mit Flüssigkeit benetzt werden. Das Symptom trockener Augen hat etwas damit zu tun, daß wir unsere Gefühle unterdrücken. Wir haben uns von etwas losgesagt und zeigen der Welt nach außen hin eine stoische Haltung.

Trockene Haut

Trockene Haut entsteht, wenn die essentiellen Öle fehlen, die auf natürliche Weise in den tieferen Hautschichten gebildet werden. Trockene Haut ist mit der Eidechsenhaut verwandt. Wir haben eine Sache emotional nicht überwunden, und so werden unsere natürlichen Hautöle in unserem Inneren eingeschlossen und unterdrückt. Wir scheuern uns am Leben wund, oder Aufopferung führt in unserem Leben zu einem übermäßig großen Verschleiß.

Weitsichtigkeit

Weitsichtigkeit heißt, daß wir Objekte, die weiter von uns entfernt sind, klarer sehen als Objekte, die nahe vor uns sind. Sie spiegelt eine Unfähigkeit wider, das zu sehen oder zu erkennen, was unmittelbar vor uns ist.

4. Kapitel
Zwölf psychologische Dynamiken von Krankheit

Bei Krankheiten spielen viele Dynamiken eine Rolle. An dieser Stelle wollen wir zwölf Schlüsseldynamiken vorstellen, die alle zur gleichen Zeit ablaufen. Wenn eine Dynamik vollständig zusammengebrochen ist, kann die Krankheit abklingen oder die Verletzung schnell heilen.

Festhalten

Eine Krankheit ist ein Mittel, um eine Verhaftung an etwas zu offenbaren, das wir nicht loslassen wollen – einen Menschen, einen Ort, eine Sache, eine Situation oder eine Vorstellung. Dies kann sehr tief unter der Krankheit verborgen sein.

Festhalten spiegelt eine der verborgenen Dynamiken bei jeder Krankheit wider. Es gibt immer etwas, das wir zu verlieren fürchten, wenn wir zur nächsten Stufe weitergehen. Daher wächst unsere Unwilligkeit weiterzugehen. Manchmal würden wir eher sterben als loszulassen. Wir sehen unsere Verhaftung als die Erfüllung eines Bedürfnisses an, doch paradoxerweise verhindern unsere Verhaftung und unser Festhalten, daß wir empfangen können.

Schuld

Schuld ist eine Schlüsseldynamik jeder Krankheit und jedes Problems. Jede Krankheit bringt dies durch Rückzug vom Leben und Selbstbestrafung zum Ausdruck. Schuld ist ein Versuch, durch Selbstangriff etwas zu bezahlen, dessentwegen wir uns schlecht oder schuldig fühlen.

Leider funktioniert dieser Versuch nicht, denn wenn wir uns selbst bestrafen, uns zum Opfer machen oder uns selbst Schaden zufügen, fühlen wir uns nur noch schlechter. Alles, dessentwegen wir uns schlecht fühlen, wird effektiv zu Schuld. Wenn wir zum Beispiel an einem gebrochenen Herzen aus der Vergangenheit leiden, das wir nicht geheilt haben, dann spüren wir jetzt nicht nur das gebrochene Herz, sondern wir fühlen uns deswegen auch schlecht oder schuldig. Je schlechter wir uns also fühlen, um so mehr bestrafen wir uns selbst, und so geraten wir in einen Teufelkreis. Selbst wenn wir vorübergehend Erleichterung verspüren mögen, funktioniert Selbstbestrafung letztlich nicht. Sie führt uns nur in einen tieferen Kreislauf aus Schuld hinein.

Dort, wo wir uns schuldig fühlen, gibt es Gefühle von Unwürdigkeit und Versagen. Wir versuchen, diese Gefühle durch Aufopferung zu kompensieren, die aber lediglich eine andere Form von Selbstangriff ist.

Angst und Trennung

Angst und Trennung führen zu einem Teufelskreis, der jedes negative Gefühl verstärkt. Alle Probleme haben Angst und Trennung als unterbewußte Wurzeln. Wenn wir krank sind, fühlen wir uns abgeschnitten und voller Furcht. Angst und Trennung können wir beenden durch Liebe, Verbindung, Kommunikation und Vergebung, indem wir anderen dienen und auf sie zugehen. Das hilft uns, die Mauern von innen her zum Einsturz zu bringen, oder es dringt durch die Mauern hindurch, die wir oder andere errichtet haben. Wenn wir uns mit einem anderen Menschen verbinden, verbinden wir uns auch mit uns selbst, mit dem Leben und mit unserem höheren Bewußtsein. Andere können dies ebenfalls vollbringen, wenn wir uns mit ihnen verbinden.

Eine Krankheit spiegelt wider, daß wir in unserem Leben irgendwie zu einem Stillstand gekommen sind. Dies kann von einer Reihe bewußter, unterbewußter oder unbewußter Angelegenheiten herrühren. An der Wurzel jeder Krankheit sind alle Angelegenheiten und negativen Emotionen jedoch auf Angst und Trennung zurückzuführen. Es ist, als folgten wir unserem Lebensweg, und die Krankheit symbolisiert einen Ort, an dem wir vom Weg abgekommen sind oder einen Umweg gemacht haben. Statt voranzugehen, haben wir angehalten, weil es uns an Zuversicht mangelt, und unser Problem benutzen wir, um uns aufzuhalten. Wenn wir unsere Angst und die Distanz heilen, die uns von anderen, von uns selbst und vom Leben trennt, heilen wir auch unsere Krankheit.

Mangelnde Selbstliebe

Eine Krankheit ist nicht nur ein Mangel an Wertschätzung, Geben und Liebe für uns selbst, sondern ein Angriff gegen uns selbst – aus irgendeinem Grund werfen wir uns selbst fort. Wir haben unerlöste Gefühle der Unwürdigkeit aus der Vergangenheit, und das hat dazu geführt, daß wir eine Art von Urteil gegen uns selbst gebildet haben. Ein Mangel an Selbstliebe sagt uns, daß wir keine Mitte und kein Fundament haben, auf dem wir unser Leben aufbauen können. Indem wir uns selbst nicht lieben, gehen wir in eine Haltung von Aufopferung und Selbstzerstörung, in der wir unseren Körper nicht achten. Wenn wir das Gefühl haben, unsere eigene Liebe nicht zu verdienen, werden wir auch das Gefühl haben, die Liebe anderer Menschen nicht zu verdienen.

Konflikt

Unter jeder Krankheit verbirgt sich ein Konflikt. Ein Konflikt steht für mindestens zwei (manchmal auch mehr) Bereiche unseres Geistes, die unterschiedliche Dinge wollen. Wir tragen verschiedene Persönlichkeiten in uns, die alle eigene Ziele und ein eigenes logisches System haben, und jede Persönlichkeit ist sicher, daß der Weg zum Glück in die Richtung führt, die sie bestimmt hat, um ihr Ziel zu erreichen. Eine Krankheit weist auf einen Punkt hin, an dem zwei oder mehr Bereiche in einem Konflikt sind. Die Angst rührt von der Überzeugung her, daß, wenn wir in die Richtung gehen, in die ein Bereich unseres Geistes gehen will, der andere Bereich auf ganzer Linie verlieren wird. Daher kommen wir zum Stillstand und haben Angst, daß, wenn eine Seite Erfolg hat, die Bedürfnisse der anderen Seite nicht erfüllt werden. Wenn wir uns nicht in die Richtung von Gesundheit und Leben bewegen, dann bewegen wir uns von ihnen fort.

Groll

Groll ist eine der wichtigen Wurzeln jeder Krankheit. Es gibt immer jemanden, gegen den wir aus irgendeinem Grund einen Groll hegen. Das kann jemand sein, der unsere Bedürfnisse nicht erfüllt hat oder einer bestimmten Aufgabe oder Rolle oder einem bestimmten Drehbuch, das wir ihm zugedacht hatten, nicht gerecht geworden ist. Es kann sein, daß er uns nicht in hinreichendem Maße als etwas Besonderes behandelt oder sich nicht so verhalten hat, wie wir es uns bewußt gewünscht haben. Unterbewußt läuft eine ganz andere Geschichte ab. Jemand, der unsere Bedürfnisse nicht erfüllt hat, hat unser Herz gebrochen, hat uns benutzt, verletzt, verwundet, verlassen, angegriffen, zum Opfer gemacht. Der Groll, der von diesem Ereignis herrührt, kann dazu führen, daß eine Krankheit entsteht. Der Groll, den wir wegen der Dinge hegen, die geschehen sind, verbirgt eine tiefere Schicht der unterbewußten Schuld. Zudem ist dort, wo zuvor das Opfersein war, nun die Krankheit, die einen bestimmten Zweck für uns erfüllt.

Herzensbruch

Jede schwere Krankheit ist das Resultat eines gebrochenen Herzens. Wir haben eine niederschmetternde Verletzung erfahren, die mit Gefühlen der Zurückweisung und des Schmerzes einherging. Sie hat eine gewisse Ganzheit in uns zerbrochen, und das hat dazu geführt, daß wir uns von Beziehungen, von uns selbst und anderen, vom Leben, von Sex und vom Glücklichsein zurückgezogen haben. Jedes gebrochene Herz ist Teil einer ganzen Reihe von Herzensbrüchen. Es ist ein Muster, das so lange immer wieder auftritt, bis es geheilt wird. Herzensbrüche im Erwachsenenalter sind Wiederholungen früherer Herzensbrüche, deren Wurzeln in der Kindheit liegen. Bei einem Herzensbruch besteht das Problem darin, daß er, so schrecklich er auch sein mag, nicht einfach geschieht und dann vorüber ist. Wenn die Trauer nicht abgeschlossen wird und nicht alle negativen Gefühle losgelassen werden, dann werden die daraus entstehenden Muster uns unauslöschliche Zeichen und Narben beibringen. Wenn wir unsere Herzensbrüche nicht auflösen, werden sie häufig durch eine Krankheit oder ein Symptom in unserem Körper ausgelebt.

Vergeltung

Jede Krankheit ist auf einer bestimmten Ebene ein Akt der Vergeltung. Diese Dynamik gehört zu den am tiefsten verborgenen und verleugneten Aspekten von Krankheit. Wir verletzen uns selbst, um anderen etwas heimzuzahlen. Wenn Gefühle der Verletzung oder Zurückweisung auftreten und nicht geheilt werden, wird ein Vergeltungsmuster in Gang gesetzt. Verletzung und Vergeltung gehen immer Hand in Hand. Wir rächen uns an anderen entweder dadurch, daß wir sie direkt angreifen, oder dadurch, daß wir uns selbst verletzen. Dieses Muster führt unmittelbar dazu, daß wir uns selbst zum Opfer machen. Da unser Herz einmal gebrochen wurde, ist es nur eine Frage der Zeit, bis wir wieder verletzt werden, wenn wir darauf aus sind, andere anzugreifen – wir leben und sterben durch das sprichwörtliche Schwert des gebrochenen Herzens. Wenn wir einen anderen Menschen angreifen, greifen wir zuerst immer uns selbst an. Wenn wir uns selbst angreifen, ist das immer ein Akt der Vergeltung, der das Ziel hat, einen anderen Menschen zu verletzen.

Aufopferung

Jede Krankheit ist eine Form von Aufopferung. Sie ist ein Ort, an dem wir uns selbst opfern, um ein bestimmtes Ziel zu erreichen. Manchmal umarmen wir die Aufopferung, weil wir fehlgeleitete Überzeugungen im Hinblick darauf haben, wie hilfreich es ist, ein Märtyrer zu sein, der sich opfert. Möglicherweise verletzen wir uns auch selbst in dem Versuch, andere zu retten. Dies mag Teil unserer religiösen Erziehung sein oder auch eine Familienrolle, die wir benutzen, um zu versuchen, unsere Familie zu retten. Wir glauben, daß Aufopferung die höchste Form des Gebens sei, doch statt dessen ist sie eine Rolle, die Gefühle von Schuld und Unwürdigkeit kompensiert. Aufopferung ist ein psychologischer Fehler, der die Menschen in eine Falle locken soll: Wir verlieren jetzt, um später zu gewinnen. In jedem Fall verbirgt Aufopferung Angst vor Intimität und Angst vor Gleichheit. Sie gibt, aber sie empfängt nicht, und das führt zu Burnout. Sie ist das Ausleben einer Rolle, was bedeutet, daß wir die richtigen Dinge aus den falschen Gründen tun. Oft ist sie ein Versuch, andere zu retten, indem wir uns selbst schaden, obwohl doch alles durch Wahrheit oder Gnade hätte erreicht werden können, ohne daß jemand hätte verlieren müssen. Leider funktioniert Aufopferung nicht, und nur selten rettet sie andere, weil sie eine psychologische Falle ist. Unter dem Deckmäntelchen, anderen zu helfen, liefert sie uns eine Ausrede, um unserer eigenen Lebensaufgabe und unserem eigenen Schicksal aus dem Weg zu gehen.

Machtkampf

Jede Krankheit ist eine Form von Machtkampf. Sie ist ein Ort, an dem wir versuchen, jemanden zu bezwingen, indem wir krank sind. Dies kann ein andauernder Kampf mit jemandem aus der Vergangenheit sein, wie zum Beispiel unseren Eltern oder einem früheren Partner, aber auch mit Gott oder jemandem in der Gegenwart. Unser Kampf weist auf einen inneren Konflikt und auf Angst vor dem nächsten Schritt in unserem Leben hin. Krankheit ist eine Strategie von Angriff, Kontrolle, emotionaler Erpressung oder Verlieren in dem Versuch, auf eine andere Weise oder zu einer anderen Zeit zu gewinnen. Wir versuchen, jemand anderen dazu zu bringen, die Dinge auf unsere Weise zu tun, so daß unsere Bedürfnisse erfüllt werden. Das Problem, das dabei entsteht, ist jedoch, daß, wenn der andere verliert, ultimativ auch wir verlieren, denn der Konflikt in uns wird nicht gelöst, sondern nur zur nächsten Stufe des Kampfes weitergetragen. Bei einem Machtkampf stellt niemand sich seiner Angst und geht weiter. Statt dessen greift er jemand anderen an, als sei dieser die Ursache seines Problems. Das verbirgt die Tatsache, daß der andere die Seite unseres inneren Konflikts auslebt, die wir nicht so klar erkannt haben.

Familienrollen

Ein Unfall oder eine Krankheit in der Kindheit sind in einer Familie sehr oft der Versuch, die emotionalen Probleme der Familie zu übernehmen und sie zu retten. Wir glauben, daß wir jemanden retten können, wenn wir uns selbst durch Krankheit aufopfern. In der Regel geschieht dies, wenn die Familie in Schwierigkeiten ist, und fast immer ist die Aufopferung unwirksam und führt für alle Beteiligten nur zu größerem Streß. Je stärker eine Familie in Rollen hineingeht, um so größer sind ihre Schwierigkeiten. Mögliche Familienrollen sind der Held, der Sündenbock, der Märtyrer, das Maskottchen und das verlorene Kind. Der Held, der Sündenbock und der Märtyrer kompensieren Schuld. Das Maskottchen und das verlorene Kind versuchen, Gefühle der Unzulänglichkeit zu verbergen und wettzumachen. Sie alle kompensieren Schuld, die nicht aufgelöst ist, indem sie Gefühle der Unzulänglichkeit verbergen. Diese Familienrollen sind Teil der Schlüsseldynamik bei jeder Krankheit, und sie sind Teil einer andauernden Rolle der Aufopferung, die wir einnehmen. Wir werden von diesen Familienmustern befreit, wenn wir die Wurzeln dieser Rollen heilen und aus unserer eigenen Entscheidung heraus authentisch handeln.

Ausreden

Ein anderes Schlüsselelement bei jeder Krankheit besteht darin, daß die Krankheit uns eine Ausrede liefern soll. Zudem soll sie ein Umweg oder eine Verzögerungstaktik sein. Jede Krankheit reflektiert Angst vor unserer Lebensaufgabe. Oft werden wir aus unserer Angst heraus genau in dem Augenblick krank, in dem wir kurz davor stehen, einen großen Schritt in unserem Leben zu tun und ein neues Projekt oder eine neue Lebensweise zu beginnen. Im Herzen jeder schweren Krankheit herrscht Mangel an Zuversicht und Angst vor dem nächsten Schritt. Die Krankheit liefert uns die Ausrede, die wir brauchen, um nicht weitergehen zu müssen. Unsere Seele wird davon nicht zufriedengestellt, aber es reicht, um unser Ego zu befriedigen. Unsere Krankheit bietet uns eine Ausrede, um nicht alles wagen zu müssen, um nicht vorzutreten oder ein Geschenk oder eine Chance umarmen zu müssen, die uns Angst machen. Unsere Krankheit liefert uns eine Ausrede, die übereinstimmend von allen akzeptiert wird.

5. Kapitel
Dynamiken des chronologischen Alters

Die Dynamik deines Alters

Vor welchen Herausforderungen stehst du im kommenden Jahr? Welche Dynamik liegt einem großen Teil deines Prozesses in diesem Jahr zugrunde? Welche mögliche Bedeutung hatte ein Ereignis, das in einem bestimmten Alter deines Lebens geschah?

Dein Alter ist ein Hinweis auf deinen persönlichen Prozeß für das betreffende Jahr. Es liefert dir außerdem Erkenntnisse im Hinblick auf Ereignisse, die in der Vergangenheit geschehen sind. Die Dynamik deines Alters zeigt dir an, wo du in deinem Leben stehst und welche besonderen Dinge im Laufe dieses Jahres der Heilung bedürfen. Das Alter, in dem du in deinem Leben ein Trauma erfahren hast, ist ebenfalls von Bedeutung und kann dir ein tieferes Verständnis für den Prozeß vermitteln, der dem Trauma zugrunde liegt. Dein Alter liefert dir Hinweise darauf, welchen allgemeinen Angelegenheiten du gegenübergestanden hast und warum das Trauma zu diesem Zeitpunkt geschehen ist. Manchmal kann es dir auch zeigen, welche Herausforderungen du überwinden mußt, wenn du mit Leiden konfrontiert wirst.

Wenn man Menschen zum Beispiel darum bittet, intuitiv zu sagen, wo die Wurzel ihres Problems begann, wird zumeist das Alter von drei Jahren als das traumatischste Alter genannt. Dieses Jahr steht für Kommunikation und Ausdruck und dafür, sich selbst und seine Begabung zu zeigen. Es wird deshalb traumatisch, weil die meisten Kinder im Alter von drei Jahren anfangen, ihre Lebensaufgabe in Anbetracht ihrer Familie und ihrer Lebenssituation als unmöglich zu betrachten. Natürlich fallen die meisten unserer Aufgaben in die Kategorie „Mission: Impossible"[14]. Das Trauma, das wir im Alter von drei Jahren erfahren, wird zur Ausrede, zur Wurzel und schließlich zur Ver-

14 Anm. der Übersetzerin: „Mission: Impossible" ist eine berühmte US-amerikanische Fernsehserie, die im Geheimdienstmilieu spielt und erstmals 1966 ausgestrahlt wurde. In Deutschland lief sie unter dem Titel „Kobra, übernehmen Sie!". Der Held der Serie erhielt Aufträge, deren erfolgreiche Ausführung völlig unmöglich schien.

schwörung vieler schwieriger Fallen. Eine Verschwörung ist eine Falle, die so gut aufgestellt ist, daß es nicht so aussieht, als könnten wir ihr jemals entkommen. Außerdem erzeugt sie ein Muster, bei dem wir lieber die Kontrolle als das Geschenk hätten. Am häufigsten müssen wir die Aspekte unseres Selbst zurückgewinnen, die im Alter von drei Jahren „gestorben sind", „unbewußt geworden sind" oder selbstzerstörerische Muster erzeugt haben. Das Trauma löst eine Salve von Selbstangriffen aus, die bis zum Tod anhält, wenn sie nicht geheilt wird.

Neun Jahre ist das nächste Alter, in dem am häufigsten Traumata geschehen. Neun ist eine Zahl, die Vollendung, Ernte, Loslassen und Weisheit symbolisiert. Neun steht für das Ende eines Zyklus, und wir versuchen, jede unerledigte Angelegenheit in diesem Zyklus – in diesem Fall dem der Kindheit – noch einmal aufzusuchen und zu vollenden. Das führt dazu, daß unerlöste Traumata eine große und verheerende Wirkung zeigen können, indem sie die Form neuer Traumata annehmen, wenn wir im Alter von neun Jahren versuchen, die Lektionen zu vollenden und die Muster zu transformieren.

Die folgenden Zahlen von eins bis zwanzig erklären dir die Bedeutung des jeweiligen Alters und in welchem Bezug es zu deinem Leben steht. Außerdem geben sie dir ein gewisses Verständnis für den Rest der Zahlen. Wenn du zum Beispiel einundzwanzig Jahre alt bist und die Lektionen in einer allgemeinen Weise verstehen möchtest, dann schaue dir die symbolische Dynamik der Zahlen Zwei und Eins an, da sie beide einen Einfluß haben. Der aufschlußreichste Aspekt ist aber ihre Summe, in diesem Fall drei. Wenn du also einundzwanzig bist, kannst du schauen, welche Auswirkungen das Thema einer Beziehung ohne Aufopferung auf dein Gefühl für dein Selbst hat, wie es sich mit ihm verbindet und wie sie beide sich zu neuen Themen von Kommunikation, Selbstausdruck und Begabung zusammenfügen. Wenn du sechsunddreißig Jahre bist, kannst du deine Dynamik unter der Interaktion der Zahlen drei und sechs miteinander und schließlich unter der Neun nachschauen. Wenn du zum Beispiel zweiundvierzig Jahre alt bist, bedeutet das, daß es bei deinen hauptsächlichen Herausforderungen für das Jahr darum geht, gemäß der Vier chronische Probleme in Fundamente zu wandeln und gemäß der Zwei zu lernen, auf einer neuen Beziehungsebene zu sein, was dich zur Sechs – zu Angelegenheiten von Mut und Ganzherzigkeit – bringt.

Die Monate im Mutterleib

Die Monate im Mutterleib haben dieselbe symbolische Bedeutung wie die Jahre nach der Geburt (eins bis neun im Westen, eins bis zehn im Osten). In den japanisch und chinesisch sprechenden Ländern wird die Schwangerschaft anhand der Mondmonate gemessen, und daher beträgt ihr Zyklus zehn statt neun Monate. Diese Monate haben numerisch dieselbe symbolische Bedeutung wie die Jahre nach der Geburt, allerdings mit einer wichtigen Ergänzung. Diese eine wichtige Ausnahme besteht darin, daß jede schmerzliche Erfahrung, die wir oder unsere Eltern in der Zeit zwischen Empfängnis und Geburt erleben, ganz gleich, wie geringfügig sie auch ist, ein selbstzerstörerisches Muster in unserem Leben erzeugt. Es sind unbewußte Seelen- oder Ahnenprobleme, die bei der Empfängnis gegenwärtig sind. Wenn bei der Geburt ein Trauma oder ein emotionales Problem vorhanden ist, hat es bei der Empfängnis ein entsprechendes Problem gegeben. Die Empfängnis ist das entscheidende Ereignis in diesem Leben, das lebenslange Muster erzeugt.

Bei der Empfängnis kann das Problem von der Mutter, vom Vater, von den Gefühlen beider in bezug auf eine bestimmte Angelegenheit oder von ihrer Situation herrühren. Alle Gefühle, die während der Schwangerschaft gegenwärtig sind, und alle Emotionen aller Menschen, die den Eltern nahestehen (zumeist die Großeltern oder Geschwister, unabhängig davon, ob sie anwesend sind oder nicht), wirken sich indirekt ebenfalls auf uns aus. Sie vermitteln Aspekte unserer Glaubenssätze und unserer Erfahrungen, und wir sind gekommen, um daran zu arbeiten und sie zu heilen. Diese Angelegenheiten, zu denen auch die allgemeine emotionale Atmosphäre gehört, die uns und unsere Eltern bei Empfängnis und Geburt umgibt, haben einen Einfluß auf uns. Traumata, die in dieser Zeit geschehen sind und nicht zum Besseren transformiert werden, diktieren das Muster sowohl unseres Lebens als auch unseres Sterbens. Im Mikrokosmos von Empfängnis und Geburt können die bedeutsamen Muster unseres Lebens sich zeigen und anschließend transformiert werden.

Eins

Die Eins steht für ein Gefühl für das eigene Selbst, Selbstkonzepte und Entwicklung der Selbstidentität. Wir sind damit befaßt, unsere

Selbstidentität zu entwickeln. Es geht darum, einen wahren Weg zu finden, wir selbst zu sein. Zu den Herausforderungen auf dieser Stufe gehören Angst davor, wer wir sind, und der anschließende Rückzug in die Verborgenheit. Wenn wir unsere Selbstidentität entwickeln, schreiben wir beinahe alle unsere Geschichte darüber, wer wir sind, statt uns als spirituelles Wesen und als Kind Gottes zu erkennen, was stets Glücklichsein mit sich bringt.

Zwei

Die Zwei ist das Symbol für Beziehungen und dafür, daß wir lernen, Beziehungen zu anderen zu finden und ganz besonders auf die Bedürfnisse und Interessen anderer einzugehen. Dies ist eine Zeit, in der wir über das eigene Selbst hinausschauen, um in Partnerschaft mit anderen zu sein. Die Herausforderung in diesem Jahr besteht darin, eine auf Gleichheit und Intimität beruhende Beziehung zu anderen einzugehen, statt in eine Haltung der Aufopferung zu verfallen. Angst auf dieser Stufe hindert Menschen daran, eine Beziehung einzugehen, oder bringt sie dazu, eine Haltung der Aufopferung einzunehmen, um Intimität und Gleichheit zu vermeiden.

Drei

Bei der Drei geht es darum, daß wir eine neue Stufe von Selbstausdruck und Kommunikation zwischen uns und dem Rest der Welt entwickeln. Es könnte ein Jahr sein, in dem Geschenke oder Begabungen sich zeigen, anerkannt und geteilt werden. Die Herausforderungen im dritten Monat oder Jahr rühren daher, daß wir uns aufgrund des Traumas verbergen. Es gibt Rollen, die Groll, Werturteil, Schuld und Versagen verbergen, und wir benutzen sie, um die Angst zu verbergen, die wir davor haben, uns auf einer ganz neuen Ebene von Kommunikation und Gabenfähigkeit zum Ausdruck zu bringen.

Vier

Die Vier steht für eine Zeit, in der wir in unserem Leben neue Fundamente errichten, während wir ein chronisches Problem heilen. Bei der Herausforderung in diesem Jahr geht es darum, den Weg durch das Hindernis hindurch zu finden und es als Eckpfeiler zum Aufbau unseres Lebens zu benutzen.

Fünf

Die Fünf symbolisiert Transformation. Dies ist ein Jahr, in dem wir die Gelegenheit haben, Transformation in unser Leben zu bringen und eine neue Lebensweise zu beginnen. Die Herausforderungen in diesem Jahr sind das Resultat des anfänglichen Unbehagens, ehe die Veränderung geschieht. Wenn sie einmal angenommen wurde, kann Transformation zu unerhörtem Spaß und Humor führen.

Sechs

Bei der Sechs geht es um Reife, Herz und emotionalen Mut. Dieses Jahr fordert dich auf, dich anderen Menschen von ganzem Herzen zu geben. Dies kann auch ein Jahr sein, in dem wir mit Familiendynamiken und tiefen Gefühlen umgehen müssen. Bei den Herausforderungen dieses Jahres geht es um unsere Unwilligkeit zu reifen und darum, daß wir in tiefen Gefühlen und Familiendynamiken feststecken.

Sieben

Die Sieben symbolisiert eine nachdenkliche und meditative Zeit, bis wir eine neue Ebene der Wahrheit entdecken. Dann bricht ein großes Glücksgefühl aus, wenn die reife Sieben den kommenden Frühling anzeigt. Bei den Herausforderungen der Sieben geht es darum, daß wir unsere wahre Richtung finden und glücklich sind.

Acht

Die Acht symbolisiert Fülle. Sie spiegelt unsere Fähigkeit wider, auf einer neuen Ebene zu empfangen. Bei den Herausforderungen der Acht geht es um Angst vor dem Empfangen oder davor, alles zu haben.

Neun

Die Neun symbolisiert Loslassen. Sie ist die Vollendung eines Zyklus und könnte eine Zeit der Ernte, der Weisheit und der spirituellen Lehre sein. Zuvor jedoch müssen wir unsere Verhaftungen loslassen, denn anderenfalls werden sie uns zurückhalten. Loslassen öffnet uns für eine neue Stufe der Geburt. Zu den Herausforderungen dieser Zahl gehört die Angst vor Verlust oder davor, daß Bedürfnisse nicht erfüllt werden, die Loslassen uns bringt. Paradoxerweise macht Loslassen uns frei und bringt uns voran.

Zehn

Die Zehn steht für die Geburt auf einer völlig neuen Stufe in unserem Leben und für eine völlig neue Weise des Seins. Bei den Herausforderungen des Jahres geht es darum, die Angst vor der Geburt zu transzendieren und ein neues Kapitel in unserem Leben zu beginnen.

Elf

Die Elf repräsentiert Führerschaft. Sie ist eine Meisterzahl, die symbolisiert, daß der Zustand der Notlage sich in einen Zustand der Emergenz[15] verwandelt. Bei ihr geht es darum, vorzutreten und voranzugehen. Alle Herausforderungen, die dieses Jahr uns bringt, können wir leicht überwinden, indem wir auf die Hilferufe anderer eingehen. Der Schlüssel liegt darin, daß wir, wenn wir das Gefühl haben, in einem Problem gefangen zu sein, uns umschauen und erkennen müssen, wer es ist, der unsere Hilfe braucht. Indem wir anderen helfen, gehen wir durch unser eigenes Problem oder – wenn es sich um ein chronisches Problem handelt – eine Schicht unseres Problems hindurch. Wenn die Elf sich zurückentwickelt, kann sie zur Aufopferung der Zwei werden, ohne daß wir lernen, zu vielen Menschen in Beziehung zu stehen.

---

15 Anm. der Übersetzerin: Der Verfasser benutzt im Englischen die Worte *emergency* und *emergence*. *Emergency* ist der Notfall oder die Notlage. *Emergence* bedeutet, wörtlich übersetzt „das Auftauchen“ (Emergenz) und ist ein Begriff aus der neueren englischen Philosophie, nach dem höhere Seinsstufen durch neu auftauchende Qualitäten aus niederen entstehen.

Zwölf

Die Zwölf steht für die neue Einstellung und Erforschung der Eins und für die neue Beziehungsebene der Zwei. Dies führt zu einer ganz neuen Ebene kosmischen Ausdrucks und spiritueller Kommunikation, und unsere Gabenfähigkeit steigt zu einer höheren Ebene auf. Wenn wir diese Zahl ganz und gar umarmen, bringt dies den „kosmischen Showboy" und das „kosmische Showgirl" hervor. Die Zwölf empfängt Führung oder Inspiration und kann sich so auf einer völlig neuen Ebene zum Ausdruck bringen. Zu den Herausforderungen des Jahres gehört, daß wir die Kontrolle aufgeben, damit wir die innere Führung hören können. Außerdem müssen wir die Rollen und Kompensationen aufgeben, die Gefühle von Schuld und Versagen verbergen, denn sie haben den Zweck, die Führung und die höhere Kommunikationsebene zu blockieren.

Dreizehn

Die Dreizehn spiegelt ein chronisches Seelenproblem wider, das ein Seelengeschenk verbirgt. Dieses Seelengeschenk kann zu einem neuen Eckpfeiler und Fundament in unserem Leben werden, das wir zur Heilung brauchen. Es kann sich um chronische Angelegenheiten des Unbewußten handeln, die das Seelengeschenk blockiert haben. Wenn es einmal geheilt wurde, bietet das chronische Seelenproblem im Leben einen ebenbürtigen Weg nach vorn. Erst seit kurzem treten Seelengeschenke zutage, ohne daß es zuvor einer Heilung bedurfte. Dies ist ein weiteres Zeichen für die Erhöhung des Bewußtseins und das Ausmaß an Gnade, das nun gegenwärtig ist.

Vierzehn

Bei der Vierzehn steht die Eins für die Erkundung einer neuen Richtung, während die Vier dafür steht, daß wir durch ein Problem hindurchgehen, um zu einem neuen Fundament zu gelangen. Das bringt die Fünf hervor, die Transformation symbolisiert.

Fünfzehn

Die Fünfzehn enthält die Eins, die Erforschung und Neuanfang symbolisiert. Die Fünf bedeutet Transformation. Das führt zu einer neuen Ebene der Ganzherzigkeit, die jenseits der Fallen tiefer Emotionen und Familiendynamiken liegt.

Sechzehn

Die Eins repräsentiert das Gefühl für das Selbst, und die Sechs ist der volle Aspekt des Herzens. Dies kann eine neue Ebene des Frühlings und des Glücklichseins hervorbringen.

Siebzehn

Gemeinsam stehen die Eins und Sieben für eine neue Richtung und eine neue Ebene von Spiritualität und Glück, die Fülle hervorbringen.

Achtzehn

Die Eins steht für das Selbst und die Acht für Fülle und Empfangen. Gemeinsam führen sie zum Loslassen und zum Ende des Zyklus der Jugend.

Neunzehn

Die Eins steht für unser Wesen und die Neun für die Ernte des Loslassens. Gemeinsam symbolisieren sie die „Emergenz“ eines spirituellen Prinzen oder einer spirituellen Prinzessin, die dazu beitragen sollen, der Welt eine neue Ordnung zu bringen.

Zwanzig

Die Zwei steht für Beziehung, und die nachstehende Null multipliziert die Kraft dieser Lektion mit Zehn. Dies gilt für alle Zehnerzahlen wie 10, 20, 30, 40 usw.

Meisterzahlen (11, 22, 33, 44 usw.)

Die Elf, Zweiundzwanzig, Dreiunddreißig, Vierundvierzig, Fünfundfünfzig usw. sind Meisterzahlen. Sie symbolisieren ein Jahr, das eine Stufe der Kraft widerspiegelt und in dem wir die Möglichkeit haben, einen Zustand des „Seins“ zu erreichen. Zu den Herausforderungen gehören Führerschaft für die 11, Aufbau für die 22, Ganzherzigkeit, Geben und Kommunikation für die 33, die Umwandlung eines doppelten chronischen Problems hin zu einem Lebensfundament für die 44. Es ist möglich, daß wir in diesem Jahr vor Angelegenheiten auf der Meisterebene stehen, zu denen Herausforderungen gehören, bei denen es um Versagen und Wertlosigkeit geht, oder vor großen Sprüngen nach vorn, wenn diese Angelegenheiten aufgelöst werden. Die Zahl 55 bringt doppelte Transformation, die zu neuer Geburt führt. Die 66 bringt doppelte Stufen schmerzlicher, tiefer Gefühle oder Mut. Die doppelte spirituelle 77 führt zu wahrer Bedeutung und wahrem Glück. Die 88 symbolisiert die doppelten Angelegenheiten von Fülle und Empfangen. Schließlich gibt es die 99, die Zahl des doppelten Loslassens. Sie symbolisiert das radikale Loslassen sowie die Ernte und die Weisheit, die zu einem riesigen Sprung nach vorn führen können, wie er durch die 100 angezeigt wird.

Dynamiken des ch

Elf

Im Alter von elf Jahren geht es um Führerschaft. Es geht darum, vorzutreten und voranzugehen. Bei allen Herausforderungen dieses Jahres ist es eine immens große Hilfe, wenn du anderen Menschen hilfst.

Zehn

Das Alter von zehn Jahren ist eine Zeit für die Geburt auf einer völlig neuen Ebene in deinem Leben, für eine völlig neue Weise des Seins.

Neun

Im Alter von neun Jahren geht es darum, deine Verhaftungen loszulassen. Sie halten dich zurück, und es wird dich in diesem Jahr voranbringen, wenn du sie losläßt.

Acht

Im Alter von acht Jahren ist Fülle dein Thema. In diesem Jahr wirst du auf eine völlig neue Stufe des Empfangens gelangen. Bei deinen Herausforderungen wird es darum gehen, dich dem Empfangen zu öffnen.

Sieben

Das Alter von sieben Jahren zeigt an, daß du reif und bereit bist, ins Glücklichsein aufzubrechen.

Meisterzahlen

Wenn dein Alter eine Meisterzahl ist (Zweiundzwanzig, Dreiunddreißig, Vierundvierzig, Fünfundfünfzig, usw.), geht es in diesem Jahr um einen Zustand des „Seins“. Bei den Herausforderungen, vor denen du in diesem Jahr möglicherweise stehst, geht es um Angelegenheiten auf einer Meisterschaftsebene, wie zum Beispiel Wertlosigkeit.

Zwö

Im Alter von zwölf Jahre
geht es um deine Verbi
dung mit dem Himme
Dieses Jahr wird dir eine

Die Dynamik deines Alters

Vor welchen Herausfo
derungen stehst du im kom
menden Jahr? Welche Dyna
mik liegt einem großen Te
deines Prozesses in diesem Ja
zugrunde?
Dein Alter ist ein Hinweis auf de
nen persönlichen Prozeß für da
betreffende Jahr. Die Informatione
auf dieser Uhr geben dir einen Übe
blick darüber, worum es bei deine
Prozeß während des Jahres gehe
wird. Eventuell geht es u
Herausforderungen, die du übe
winden wirst,oder es geht da
um, dich für eine neue Stuf
des Empfangens in deine
Leben zu öffnen.
Zumeist zeigt dir di
Dynamik deine
Alters, w

Sech

Im Alter vo
sechs Jahren geh
es um die Reif
des Herzens un

nologischen Alters

nz neue und höhere
bene der Verbindung mit
m Himmel bringen.

deinem Le-
n stehst und wel-
e besonderen Dinge
u im Laufe dieses Jahres
eilen mußt. Zudem ist das
lter, in dem du in deinem
eben ein Trauma erlebst, von
edeutung, um den Prozeß zu
erstehen, der dem Trauma
ugrunde liegt. Es liefert dir Hin-
eise darauf, warum das Trauma
u genau diesem Zeitpunkt ge-
chah.
ie folgenden Zahlen von Eins bis
wölf erklären die Bedeutung deines
lters. Wenn du einundzwanzig
ahre bist, addiere die Zahlen und
chaue bei der Drei nach, welche
ynamik für dein Alter zu-
ifft. Wenn du sechsund-
reißig bist, findest du
ie Dynamik deines
lters bei der
Neun.

pirituellen Mut. In die-
em Jahr geht es darum,
aß wir im Herzen der
Dinge sind.

Eins

Ein einjähriges Kind ist mit der Entwicklung von Selbstkonzepten und der Entwicklung seiner Selbstidentität befaßt. Ultimativ besteht das Ziel darin, den wahren Weg des Seins für dein Selbst zu bereiten.

Zwei

Im Alter von zwei Jahren geht es darum, daß du lernst, in einer Beziehung und nicht in einem Zustand der Aufopferung zu sein.

Drei

Im Alter von drei Jahren geht es darum, eine neue Ausdrucksebene zwischen dir selbst und anderen wichtigen Menschen sowie zwischen dir selbst und dem Rest der Welt zu entwickeln.

Vier

Im Alter von vier Jahren geht es darum, ein chronisches Problem in deinem Leben zu heilen. Irgendwann im Laufe des Jahres wirst du ein chronisches Problem heilen, das zu einem Eckpfeiler transformiert wird, auf dem du den Rest deines Lebens aufbauen kannst. (Dreizehn: ein chronisches Seelenproblem, das zu einem neuen Fundament des Seelenausdrucks in deinem Leben führt.)

Fünf

Das Alter von fünf Jahren ist ein Jahr der Transformation. Es ist ein Jahr, in dem du etwas in deinem Leben transformieren wirst, und du wirst beginnen, auf eine völlig neue Weise zu leben.

Empfängnis – Schwangerschaft

Viele Menschen identifizieren sich mit sich selbst und ihrem Prozeß zu der Zeit, als sie noch im Schoß ihrer Mutter waren. Die neun Monate im Mutterleib sind bedeutsam und entsprechen direkt den ersten neun Jahren des Lebens.

6. Kapitel
Alphabetisches Verzeichnis der Krankheitsbilder und Körpersymptome

Abszeß

Ein Abszeß ist eine lokal begrenzte Ansammlung von Eiter, die in jedem Bereich des Körpers auftreten kann. Er ist eine alte Angelegenheit, die danach verlangt, geheilt zu werden. Er ist ein emotionales Geschwür, das einen Eruptionspunkt erreicht. Während wir erfolglos versuchen, die Angelegenheit zu beherrschen, kann ein Konflikt, der unter einer Rolle oder einer anderen Kompensation vergraben wurde, nun nicht mehr länger verborgen bleiben.

Abtreibung, Totgeburt oder Fehlgeburt

Abtreibung und Fehlgeburt beziehen sich auf die Beendigung der Schwangerschaft, ehe der Fötus lebensfähig ist. Eine Totgeburt ist die Geburt eines toten Fötus. Sie alle spiegeln die verlorenen Aspekte unseres „Selbst" wider, die in der Kindheit gestorben sind. Wir leben die ursprüngliche Situation aus oder wiederholen sie, und die meisten Gefühle von Schuld, Versagen und Schmerz rühren von unserem ursprünglichen Kindheitstrauma her. Wenn die Menschen dieses Trauma noch einmal durchleben, berichten sie auf einer intuitiven Ebene, der verlorene Fötus sei ein alter Seelenfreund, ein Engel oder eine Seele, die nach Lernen oder Fortschritt strebt, indem sie durch diese Erfahrung hindurchgeht. Das tut sie, um uns dabei zu helfen, die alte Schuld in bezug auf das verlorene Selbst und den überwältigenden Schmerz zu heilen, damit wir schließlich die ursprünglichen, gestorbenen Aspekte unseres Selbst zurückgewinnen können. Diese Aspekte unseres Selbst, die wir wegen eines Traumas tot in uns tragen, sind tief begraben. Wir geraten in eine selbstzerstörerische Richtung, weil das Problem verdrängt wird. Wenn ein Trauma durch gegenwärtige Umstände zutage tritt, bietet es uns immer eine Gelegenheit, die eigentliche Wurzel des Schmerzes zu heilen, die in der Vergangenheit liegt.

Achillessehne

Die Achillessehne ist die stärkste und dickste Sehne des Körpers. Sie verbindet den unteren Wadenmuskel mit dem Fersenknochen. Sehnen bestehen aus faserartigem Bindegewebe und verbinden Muskeln und Knochen miteinander. Die Achillessehne symbolisiert unsere verwundbarste Stelle. Probleme in diesem Bereich spiegeln ein Bedürfnis nach Zärtlichkeit und Unterstützung sowie Angst vor dem nächsten Schritt wider. Probleme mit unserer rechten Achillessehne weisen auf Angelegenheiten mit unserem Vater, ödipale Angelegenheiten und Angst vor Erfolg hin. Probleme mit unserer linken Achillessehne deuten auf Angelegenheiten mit unserer Mutter, ödipale Angelegenheiten und Angst vor Intimität hin.

Afterjucken

Afterjucken ist eine medizinische Metapher, die zu Schattenfiguren paßt, insbesondere zum „Drang zu zerstören“[16]. Einerseits gibt es Beweggründe, die uns preisgeben oder hindern, und andererseits sind wir im Hinblick auf sie und auf unser „Wenn und Aber“ ungeduldig. Es „juckt“ uns danach, vorzustürmen, hin zu unserer Aufgabe, zu unserer schöpferischen Kraft und Vollendung. Wir wollen unsere Beweggründe loslassen, doch sie halten uns gefangen. „Ich würde meine Aufgabe erfüllen, aber....“ Dieses Aber ist eine Irritation, die darauf zurückzuführen ist, daß wir einige unserer Wünsche, Träume und Idole loslassen müssen. Wir haben Angst, weil wir das Gefühl haben, wir würden einen Teil von uns selbst zurücklassen, wenn wir weitergehen.

Afterschmerz

Schmerz im After deutet darauf hin, daß jemand uns äußerst lästig und ärgerlich ist. Wir haben das Gefühl, daß jemand unsere Pläne und Träume zunichte macht, weil er sich nicht entsprechend der Rolle verhält, die wir ihm in unserem Drehbuch zugedacht haben.

---

16 Anm. der Übersetzerin: Die Verfasser benutzen hier ein phonetisches Wortspiel. Rectum ist das *Rektum* oder der Mastdarm (in Zusammenhang mit dem Juckreiz ist hier der Ausgang des Rektums, der After, gemeint). *To wreck* bedeutet zerstören, zunichte machen oder demolieren, daher die Bezugnahme auf die Schattenfigur des Zerstörers.

Akne

Akne ist eine Entzündung der Talgdrüsen und Haarfollikel der Haut. Diese Hautstörung zeigt an, daß wir das Gefühl haben, wir hätten „das Gesicht verloren“, entweder wegen einer Erfahrung, die wir gemacht haben, oder weil wir uns mit anderen vergleichen. Wir setzen uns mit Angelegenheiten auseinander, bei denen es um unser Selbstbild und Selbstkonzept geht. Wir kämpfen mit einem schlechten Selbstbild, mit Selbstangriff und dem Wunsch, uns vor gesellschaftlichen Verbindungen oder Situationen zu verbergen. Wir fühlen uns befangen und hegen wegen irgendeiner Sache einen verborgenen Groll. Wir haben das Gefühl, wegen einer Sache das Gesicht verloren zu haben, und sind in unserer eigenen Wertschätzung gesunken.

Allergien

Eine Allergie ist die hypersensible Reaktion unseres Körpers auf eine Substanz in der Umwelt. Die Substanz, gegen die wir allergisch sind, steht für einen Teil unserer selbst, den wir verurteilt, zurückgewiesen und abgetrennt haben, und wir benutzen unsere allergische Reaktion, um uns selbst anzugreifen. Deswegen beruht eine Allergie auf Selbstverurteilung, die auf einen Widerstand gegen das Leben hinweist. Wir leben ein verborgenes Element von Narzißmus aus, indem wir übermäßig sensibel sind. Unsere Allergien können auch von ungelösten Angelegenheiten mit toxischen Personen oder Situationen herrühren. Dies verbirgt eine tiefere Ebene negativer Selbstvorstellungen, die uns als toxisch, schädlich oder giftig widerspiegeln.

Alzheimersche Krankheit

Die Alzheimersche Krankheit ist eine Form von Demenz, die mit dem Verlust von Gedächtnis, Sprachvermögen und körperlichen Fähigkeiten einhergeht, begleitet von einem Nachlassen der geistigen Funktionen und Desorientierung. Dies geschieht aus einem Leben unverarbeiteter Emotionen und zerbrochener Träume heraus, verbunden mit dem Verlust der Hoffnung, weil wir das Gefühl haben, daß unsere Zeit zu Ende geht. Aus zerbrochenen Träumen entsteht das Gefühl, daß wir Gelegenheiten verpaßt und nicht unserem Potential entsprechend gelebt haben. Wir sind enttäuscht von uns selbst und haben den Wunsch, zu einer besseren Vergangenheit zurückzukehren. Wir sind nicht bereit, uns mit der Gegenwart auseinanderzusetzen, weichen vor unserer Aufgabe und vor dem Leben zurück und ziehen uns in die Vergangenheit zurück. Wir verspüren den großen Wunsch, zu vergessen und in der Vergangenheit zu leben, und wir fühlen uns nicht mehr stark genug, um mit der Art und Weise umzugehen, in der wir die Dinge gegenwärtig tun, denn sie hat nur zu Enttäuschung geführt. Wenn wir an der Alzheimerschen Krankheit leiden, heißt das, daß wir viele Erfahrungen gemacht haben, die wir emotional nicht verstanden oder nicht verarbeitet haben. Wir leiden an zerbrochenen Träumen und sind von den Verlusten und Enttäuschungen des Lebens überwältigt, und daher ziehen wir uns in uns selbst und unsere eigene Welt zurück.

Amyotrophische Lateralsklerose (ALS)

ALS ist ein Syndrom, das durch Muskelschwäche und Muskelschwund gekennzeichnet ist. Die Ursache dieser Krankheit ist eine Degeneration von Nervengewebe im Gehirn und im Rückenmark, und sie führt zu einer fortschreitenden Muskelschwäche. Das heißt, daß wir glauben, nicht stark genug zu sein, um das zu tun, was wir hier auf der Erde tun wollten. Die Ursache dafür, daß wir angesichts unserer Lebensaufgabe von unserer Schwäche überzeugt sind, liegt in Angst, Schuld, Rebellion oder Aufopferung als einer Form von Widerstand. Wir sind der irrigen Überzeugung, uns ausschließlich auf uns selbst verlassen zu müssen, um unsere Aufgabe zu erfüllen, und das erweist sich als zu schwer.

Anämie

Dieses Leiden führt zu einer verringerten Zirkulation roter Blutkörperchen im Körper. Das heißt, daß die Versorgung des Körpers mit Nährstoffen beträchtlich eingeschränkt ist. Der Zustand der Anämie rührt daher, daß wir das Gefühl für unser Selbst verloren haben. Er rührt von Gefühlen der Schwäche und Unzulänglichkeit her und weist darauf hin, daß wir nicht mehr fähig sind zu empfangen. Wir haben unsere Mitte verloren, und wir haben mehr oder weniger verborgene Probleme mit Gefühlen von Überwältigung, Wertlosigkeit,

Unwürdigkeit und Versagen, die alle zu Depressionen führen können. Der Energieverlust ist immens, und wir fühlen uns, als seien wir nicht stark genug für das, was wir tun müssen oder was im Leben von uns gefordert ist. Wenn wir nach der Kraft suchen, um den Tag zu überstehen, haben wir das Gefühl, daß wir nicht genug Energie haben, um unsere Aufgabe zu erfüllen.

Angina pectoris

Dies ist ein Leiden, bei dem die Koronararterien verengt sind. Es deutet darauf hin, daß wir eine Angst haben, die uns einengt. Dadurch können wir nur schwer empfangen, und es bereitet uns Schmerzen weiterzugehen. Wir haben das Gefühl, daß uns genau die Nährstoffe fehlen, die wir brauchen, um weiterzugehen. Wir sind in der Aufopferung gefangen, die nicht zugelassen hat, daß wir anderen geben – außer aus einer Rolle heraus – oder uns selbst aufrichtig nähren.

Angstzustände

Angstzustände sind Gefühle von dunkler Vorahnung oder großer Furcht, die auf vielen verschiedenen Ebenen erfahren werden können. Sie reichen von einem allgemeinen Gefühl des Unbehagens bis zu einer Störung, bei der anhaltende Angstzustände die Form von Panikattacken annehmen. Wenn die Ebene der Angstzustände hoch genug ist, lösen sie die Reaktion von „Kampf oder Flucht" aus, bei der Adrenalin freigesetzt wird und die eine instinktive Überlebensreaktion ist. Angstattacken sind das Ergebnis eines „Lecks" im unbewußten Geist, das zu einer generalisierten und undifferenzierten Angst führt. Wir fühlen uns bedroht, und Angst ist die Reaktion auf die Bedrohung. Angstzustände sind eine falsche Wahrnehmung, die zu undifferenzierten, unbewußten Ängsten und Ahnenproblemen führt.

Anorexia nervosa (Magersucht)

Zur Magersucht gehört eine große Angst vor Fettleibigkeit. Wir greifen uns selbst an, weil wir glauben, übergewichtig zu sein. Dieses Leiden führt zu einem extrem großen Appetitverlust. Es wird keine Nahrung mehr aufgenommen, was schließlich dazu führt, daß der

Körper verhungert. Man glaubt, daß Magersucht ein psychologisches Leiden ist, bei dem der zunehmende Appetitverlust zum Tode führen kann. Sie ist das Resultat von verlorener Verbundenheit, verzerrter Wahrnehmung und einem großen Bedürfnis nach Liebe und Selbstakzeptanz. Magersucht rührt von einer verzerrten Form der Unabhängigkeit her, während sie paradoxerweise zur selben Zeit ein Bedürfnis nach Anerkennung und Selbsterhöhung hat. Diese Gefühle rühren von der Überzeugung her, daß wir ungeliebt und unakzeptabel sind, und so erzeugen wir Selbstverurteilung, Selbstzurückweisung und Selbstangriff.

Wir sind von gesellschaftlichen Normen gefangen, die verzerrt wurden und übertrieben sind. Wir sind gepeinigt von Gefühlen der Minderwertigkeit und einem Bedürfnis nach Akzeptanz. Wir erleben eine Krise hinsichtlich unserer Selbstachtung, und zur selben Zeit sind wir Perfektionisten. Da wir das Gefühl haben, keinen Wert zu besitzen, haben wir ein verzweifeltes Bedürfnis nach Liebe, sind jedoch nicht fähig, sie zu empfangen. Während wir von uns selbst abgeschnitten sind, fühlen wir einen solch großen Mangel an Selbstwert, daß wir uns kein Essen mehr gönnen, das sinnbildlich für Liebe und Fürsorge steht. Sowohl die Magersucht als auch die Bulimie (Eß-Brech-Sucht) sind eine zerstörerische Form, mit der wir versuchen, Aufmerksamkeit zu erregen und Liebe zu bekommen. In beiden Fällen gibt es unerlöste Gefühle der Scham im Hinblick auf uns selbst und unseren Körper, und daher übernehmen wir falsche gesellschaftliche Werte und treiben sie bis zum Äußersten.

Arme

Die Arme sind die oberen Extremitäten unseres Körpers. Ihre Aufgabe besteht darin, zu tragen, zu halten, uns zu schützen und Gleichgewicht zu bewahren. Unsere Arme sind das Symbol für umarmen und die Hand reichen, und sie zeigen, in welchem Maße wir in unsere berufliche Laufbahn oder Beziehung eingebunden sind. Probleme mit dem rechten Arm deuten darauf hin, daß wir in unserer beruflichen oder geschäftlichen Laufbahn Probleme mit Akzeptanz, Umarmen und Weitergehen haben. Probleme mit dem linken Arm sind ein Zeichen dafür, daß es in unseren Beziehungen Probleme mit Akzeptieren, Festhalten und Weitergehen gibt.

Arterien

Arterien befördern sauerstoffreiches Blut vom Herzen zum Gewebe. Probleme mit diesen Blutgefäßen, die Nährstoffe und Sauerstoff durch den Körper transportieren, sind ein Hinweis darauf, daß wir uns dem Geben und Empfangen widersetzen.

Asthma

Asthma wird durch Krämpfe der Bronchien oder das Anschwellen ihrer Schleimhäute verursacht. Pfeifendes Atmen und Kurzatmigkeit sind die Symptome dieses Leidens, das von Traurigkeit herrührt. Asthma tritt durch einen Zustand der Verschmelzung mit einer Elternfigur auf, die zumeist, aber nicht immer, unsere Mutter ist. In der englischen Sprache ist das Wortspiel ganz deutlich: Asthma = *„As ma" (wie Mama)*[17]. Wir haben das Gefühl, daß wir nicht fähig sind, ein eigenes Leben zu führen, weil wir für unsere Mutter leben. In dieser Verschmelzung nehmen wir die Gefühle unserer Mutter wahr und versuchen, sie emotional zu tragen. Wir fühlen uns unfähig, unsere eigenen Ziele zu verfolgen, und in unserem Leben finden sich Bereiche der Aufopferung. Weil unser wahrgenommenes Bedürfnis, anderen helfen oder sie retten zu müssen, stärker ist, geben wir unser eigenes Leben bis zu einem gewissen Grad auf. Dieses Aufgeben ist möglicherweise durch Trennung und Unabhängigkeit zugedeckt.

Aufgedunsenheit des Unterleibs

Dieses Symptom, bei dem der Unterleib aufgedunsen oder aufgebläht ist, kann durch viele Faktoren hervorgerufen werden. Wenn wir an diesem Symptom leiden, deutet das darauf hin, daß wir auf eine extreme Weise an jemandem oder etwas festhalten. Wir halten in einem solchen Ausmaß fest, daß das, was uns eigentlich nähren sollte, in unserem Inneren nun sauer wird und gärt. Es kann sein, daß wir uns in unserem Leben durch Arbeit oder Aufopferung überwältigt fühlen. Möglicherweise fordern wir, daß irgendein Bedürfnis erfüllt wird, ehe wir weitergehen. Wir benutzen unsere Bedürfnisse, um in unserem

---

17 Anm. der Übersetzerin: Im Englischen ist das „th" im Wort *Asthma* stumm, daher die Ähnlichkeit zu „as ma".

Leben nicht weitergehen zu müssen, ganz gleich, ob es sich dabei um Angst vor Verlust oder um unser Festhalten handelt.

Augen

Die Augen sind unsere Sehorgane. Sie sind unsere Öffnung gegenüber der Welt, die uns umgibt. Augen, die nach oben schauen, suchen Antworten und greifen nach einem visionären Zustand. Augen, die nach unten gerichtet sind, zeigen einen emotionalen Zustand der Mutlosigkeit an. Verstohlen blickende Augen deuten auf Heimlichkeit und einen Mangel an Vertrauen hin. Probleme mit unseren Augen bedeuten, daß es etwas gibt, das zu sehen wir uns fürchten, und etwas, das wir nicht sehen wollen.

Augenbrauen

Die Augenbrauen sind die Haarreihen, die oberhalb der Augen einen Bogen bilden. Sie rahmen das Gesicht auf schöne Weise ein, und ihre Funktion besteht darin, die Augen zu schützen. Hohe Augenbrauen deuten auf ein hohes Maß an Scharfblick oder auf Menschen hin, die meinen, intellektuell[18] zu sein. Niedrige Augenbrauen kennzeichnen Menschen, die sich auf allen Ebenen an anderen freuen. Augenbrauen, die in der Mitte zusammengewachsen sind, deuten auf ererbte mediale Fähigkeiten hin. Probleme mit den Augenbrauen sind ein Zeichen dafür, daß wir uns unter Druck gesetzt, schikaniert, drangsaliert, emotional kontrolliert oder zu etwas gedrängt fühlen.

Autoimmunerkrankungen

Autoimmunerkrankungen weisen darauf hin, daß unser Körper seine Fähigkeit verloren hat, zwischen normalen und fremden Substanzen zu unterscheiden. Normalerweise produziert unser Immunsystem Antikörper, um sich gegen fremde Stoffe zur Wehr zu setzen; bei

---

18 Anm. der Übersetzerin: Im Englischen kann der Ausdruck *brow* für die Augenbraue und für die Stirn stehen. Jemand, der *high-brow* ist, also eine „hohe Braue“ besitzt, ist der Meinung, er sei intellektuell.

Autoimmunerkrankungen hält der Körper sich selbst jedoch irrigerweise für fremd und greift sich selbst an. Eine Autoimmunerkrankung reflektiert immer Werturteil, Selbstzurückweisung und Selbstangriff. Diese Krankheit zeigt einen inneren Konflikt auf, bei dem es auch um einen zwischenmenschlichen Konflikt mit einem anderen Menschen gehen kann. Diese Krankheit tritt entweder in der Gegenwart oder aus der Vergangenheit heraus zutage, und sie steht für einen Ort in unserem Leben, an dem es ein gebrochenes Herz und eine Niederlage gegeben hat.

Bauchnabel

Der Bauchnabel wird auch als „Bauchknöpfchen" bezeichnet. An dieser Stelle war die Nabelschnur angewachsen, die Mutter und Fötus miteinander verbunden hat, solange dieser in der Gebärmutter war. Der Bauchnabel steht für unsere Verbindung mit der Mutter und spiegelt deshalb Angelegenheiten wider, bei denen es um Empfangen und Nähren geht. Probleme mit dem Bauchnabel weisen darauf hin, daß wir das Gefühl haben, daß die Mutter uns erstickt. Außerdem haben wir Probleme mit Empfangen und Nähren. Ganz gleich, welches Problem wir angehen, es fühlt sich für uns wie ein Kernproblem an. Wenn wir mit der Nabelschnur um den Hals geboren wurden und beinahe erstickt wären, spiegelt dies Angelegenheiten auf der Seelenebene wider, bei denen es um Selbstzerstörung geht.

Bauchspeicheldrüse (Pankreas)

Die Bauchspeicheldrüse liegt hinter dem Magen. Sie trägt zum Verdauungsprozeß bei, indem sie Enzyme für alle Arten von Nahrung absondert. Außerdem produziert sie die Hormone Insulin und Glykogen, um die Kohlehydratverwertung zu unterstützen. Die Bauchspeicheldrüse ist ein Ort, an dem Schmerz gespeichert wird. In diesem Bereich des Körpers findet zudem die Integration von Emotion und Erfahrung statt. Probleme mit der Bauchspeicheldrüse deuten darauf hin, daß unser Schmerz überwältigend ist, daß er mehr ist, als wir integrieren zu können glauben, und deshalb wird er unterdrückt und gespeichert.

Bauchspeicheldrüsenentzündung (Pankreatitis)

Pankreatitis ist eine Entzündung der Bauchspeicheldrüse, die darauf zurückzuführen ist, daß die Bauchspeicheldrüse sich mit Hilfe ihrer Enzyme selbst verdaut. Dies weist darauf hin, daß wir große Schwierigkeiten damit haben, Gefühle und Erfahrungen als Grundlage dessen zu verstehen und zu integrieren, was wir im Leben tun. Es gibt ein größeres Mißverständnis, das dazu führt, daß wir uns selbst angreifen, und das zu einem besessenen Trieb geworden ist, der uns von innen heraus auffrißt.

Becken

Das Becken dient der Unterstützung der Wirbelsäule und erlaubt die Gelenkverbindung mit den unteren Gliedmaßen. Das Becken steht für Angelegenheiten, bei denen es um Stabilität, Kraft und Fundament geht. Probleme in diesem Bereich deuten darauf hin, daß wir in einem Ungleichgewicht sind und etwas mit unwahrer Macht zu tun haben. Uns fehlt das Fundament, um neue Elemente in unserem Leben zu gebären. Probleme mit dem Becken können auch auf Angelegenheiten hinweisen, die etwas mit Sexualität zu tun haben. Wie jeder Teil des Skeletts kann auch das Becken Angelegenheiten auf der Seelenebene oder einer unbewußten Ebene zeigen, die sich in Familienmustern widerspiegeln.

Beine

Die Beine bewegen den Körper vor und zurück. Sie symbolisieren das Fundament und unser Vorankommen im Leben. Probleme mit unseren Beinen stehen für das Gefühl, kein „Standbein" zu haben, keine Standfestigkeit, keine Stärke und kein Fundament, nichts, auf dem wir aufbauen oder vorangehen können. Probleme mit unserem rechten Bein beziehen sich auf unsere männliche Seite oder unser Vorankommen im Beruf. Probleme mit unserem linken Bein beziehen sich auf unsere weibliche Seite oder unser Vorankommen in Beziehungen.

Beklemmung

Beklemmungen weisen auf eine Angst vor etwas hin. Etwas läßt uns zurückschrecken oder engt uns ein.

Bläschenausschlag (Herpes)

Beim Bläschenausschlag handelt es sich um eine Infektion auf den Lippen, die durch den Virus *Herpes simplex* hervorgerufen wird. Der Bläschenausschlag ist eine Klage über die emotionale Kälte[19], die wir vermeintlich von anderen Menschen erlitten haben und die sich so auf nicht-verbale Weise zum Ausdruck bringt. Er spiegelt auch eine Negativität wider, die wir auf einer bestimmten Ebene zurückhalten wollen. Vielleicht fühlen wir ein tiefes Bedürfnis und versuchen, einen Mangel an emotionaler Wärme in unserem Leben auszugleichen. Auf jeden Fall verbirgt unser Bläschenausschlag eine innere Angst vor Intimität.

Blase

Eine Blase ist eine Ansammlung von Flüssigkeit unter oder in der Haut, die sich durch fortwährende Reibung auf der Haut bildet. Eine Blase entsteht durch das Gefühl, daß ein anderer sich an uns reibt. Wir sind von etwas gereizt, und unerfüllte Bedürfnisse bereiten uns Schmerzen. Möglicherweise fühlen wir uns im Hinblick auf eine bestimmte Sache übermäßig empfindlich.

Blutdruck (hoch/niedrig)

Blutdruck ist der Druck, den das Blut auf die Wand eines Blutgefäßes ausübt. Wenn unser Blutdruck hoch ist, sind wir in Erwartungen und Rollen gefangen. Wir haben ein übertriebenes Gefühl unserer eigenen Wichtigkeit, das dazu führt, daß wir glauben, alles selbst tun zu müssen. Wir treiben uns selbst an, weil wir Angst haben und weil wir nicht darauf vertrauen, daß das Universum uns unterstützt. Wir haben zu viele Ziele in dem Versuch, Gefühle von Wertlosigkeit auszugleichen, und das führt zu Frustration und einer Verschlimmerung unseres Leidens. Niedriger Blutdruck hat seinen Ursprung darin, daß wir uns untauglich oder gefangen fühlen. In bestimmten Lebenssituationen fühlen wir uns schwach und unfähig, unsere Situation zu ändern.

---

19 Anm. der Übersetzerin: Im Englischen heißt der Ausschlag *cold sore*, also eine „kalte wunde Stelle".

Blutergüsse

Ein Bluterguß entsteht, wenn gerissene Blutgefäße in das Gewebe hinein bluten. Ein Bluterguß ist eine Aussage, die besagt: „Das Leben hat mich verletzt – du hast mich verletzt – jemand hat mich verletzt.“ Er ist eine Klage, die einen emotionalen Bluterguß in einer bestimmten Lebenssituation anzeigt, der sich nun auf einer körperlichen Ebene manifestiert.

Bronchitis

Eine Bronchitis ist eine Entzündung der Bronchien, die in der Regel auf eine Infektion zurückzuführen ist. Diese Entzündung ist das Resultat eines gespaltenen Geistes, der zwischen dem Wunsch weiterzugehen und dem Wunsch festzuhalten gefangen ist. Wir halten an der Vergangenheit fest, aber wir versuchen trotzdem weiterzugehen. Unsere Unentschlossenheit führt dazu, daß wir sowohl Verlust als auch Angst spüren, während wir versuchen, uns den Weg in unsere Zukunft zu bahnen. Wir wollen einen unerlösten Verlust aus der Vergangenheit nicht loslassen, und wir versuchen noch immer, allein mit Willenskraft und Entschlossenheit weiterzugehen, statt durch Klärung, Loslassen, Trauer oder Heilung.

Brüste

Die Brüste bestehen aus den Brustdrüsen, deren Funktion es ist, Milch zur Ernährung von Säuglingen zu produzieren. Sie stehen für Angelegenheiten, bei denen es um das Nähren geht. Probleme mit unserer linken bzw. Mutterbrust deuten darauf hin, daß wir aufgerufen sind, andere in einer Beziehung zu nähren, beginnend mit unserer Mutter. Probleme mit der linken Brust können auch Gefühle widerspiegeln, daß unsere Mutter uns nicht genährt hat, doch unter unserem Groll sind wir in Wahrheit gekommen, um sie zu nähren. Unter unseren Bedürfnissen und dem Groll haben wir Schuldgefühle verborgen, daß wir unsere Mutter nicht gerettet oder genährt haben. Doch noch tiefer, auf unserer Seelenebene, wartet ein Geschenk des Nährens, und wir sind gekommen, um es der Welt zu bringen, insbesondere aber unserer Mutter und allen Frauen.

Probleme mit der rechten bzw. Vaterbrust deuten darauf hin, daß wir aufgerufen sind, Männer zu nähren, beginnend mit unserem Vater. Probleme mit unserer rechten Brust stehen für Angelegenheiten, bei denen es um einen Mangel an Fürsorge seitens unseres Vaters geht, doch in Wahrheit sind wir gekommen, um ihn zu nähren. Diese Angelegenheit kann auf einen Ehemann oder Bruder, aber auch auf Männer allgemein übertragen werden.

Bulimia nervosa (Eß-Brech-Sucht)

Bulimia nervosa ist eine Eßstörung, die durch episodische Eßattacken gekennzeichnet ist, denen eine Entleerung folgt, entweder durch absichtlich herbeigeführtes Erbrechen oder durch die Verwendung von Abführmitteln. Gefangen zwischen dem Bedürfnis, uns gehen zu lassen, und dem Bedürfnis nach gesellschaftlicher Anerkennung wollen wir „den Kuchen behalten und gleichzeitig essen“[20]. Wir leiden an Problemen im Hinblick auf unser Selbstbild und haben das starke Bedürfnis nach Zustimmung und Akzeptanz. Außerdem befinden wir uns in einem Teufelskreis aus Sich-gehen-Lassen/Selbstangriff/Entleerung/Bedürfnis/Sich-gehen-Lassen und so fort.

Bulimie ist ein ähnliches Problem wie Anorexie (Magersucht), aber die Symptome sind anders. Wir haben das Bedürfnis nach Liebe und Fürsorge und versuchen, es durch Essen zu erfüllen, doch wegen unserer Gefühle der Bedürftigkeit greifen wir uns selbst an. Wir befürchten mangelnde Anerkennung und den Verlust unserer Anziehungskraft, wenn wir an übergewichtig werden. So pendeln wir ständig hin und her zwischen dem Schlucken von Nahrung (wobei wir manchmal versuchen, Erfahrungen im allgemeinen gierig zu verschlingen) und ihrer Zurückweisung. Wir haben das Gefühl, die Kontrolle verloren zu haben, und fühlen uns hilflos, aber derjenige, der uns tyrannisiert, sind wir selbst. Wie bei der Anorexie haben wir kritische und unangemessen hohe Erwartungen an uns selbst. Die Selbstbesessenheit von Eßstörungen ist eine Falle, die unser Ego benutzt, um uns daran zu hindern, die Hilferufe und Bedürfnisse anderer in unserer Umgebung zu

---

20 Anm. der Übersetzerin: Es gibt ein englisches Sprichwort, das lautet: *„You can't have the cake and eat it, too.“* Übersetzt: „Du kannst den Kuchen nicht behalten und gleichzeitig essen.“

hören. Eßstörungen zeigen ein Ungleichgewicht zwischen männlich und weiblich auf, und sie bergen ein tiefes Bedürfnis nach – aber auch Angst vor – Intimität und spiritueller Partnerschaft.

Cholesterinspiegel (hoch)

Ein hoher Cholesterinspiegel im Blut zeigt an, daß wir für das Maß an Aufopferung, in dem wir uns gegenwärtig befinden, in einer Kompensation gefangen sind, in der wir uns gehenlassen. Dies ist das Resultat eines Verlustes aus der Vergangenheit, von dem wir uns nicht erholt haben. Wenn es sich um ein Familienleiden handelt, dann ist es wahrscheinlich ein Ahnenproblem, das durch die Familie weitergegeben wurde. Die Kompensation kann die Form harter Arbeit oder eine Lebensweise der Aufopferung annehmen. Um das zu kompensieren, lassen wir uns auf körperlicher oder emotionaler Ebene gehen.

Chronisches Erschöpfungssyndrom (CFS)

Das CFS wird oft beschrieben als „die Erkältung, die nicht weggeht". Es zeigt komplexe Symptome anhaltender Ermüdung, die auch durch Ruhe nicht zu lindern sind. Weitere Symptome sind Halsschmerzen und Gedächtnisverlust, Muskel- und Gelenkschmerzen sowie Kopfschmerzen. CFS ist das Resultat eines chronischen Werturteils oder eines chronischen Grolls. In der Regel spielen auch Depressionen eine Rolle, aber es weist auch auf Gefühle der Überwältigung und hohe Stufen emotionaler Aufopferung hin. Wir haben das Gefühl, daß wir uns mit zu vielen Dingen auseinandersetzen müssen, und haben den Mut verloren. Wir haben das Gefühl, daß es in unserem Leben nicht genug Sinn oder Inspiration gibt, um uns zu tragen.

Darmtrakt

Der Darmtrakt besteht aus Kanälen, deren Funktion es ist, Nährstoffe für den Körper aufzunehmen und abzugeben. Der Darmtrakt ist das Symbol für das Leben und seinen sich entfaltenden Prozeß, und er spiegelt unsere Fähigkeit wider, zu akzeptieren und zu assimilieren. Der Darmtrakt steht für Mut, Schneid, innere Stärke,

Beharrlichkeit und die tiefste Ebene von Intuition und Instinktivität. Probleme mit dem Darmtrakt deuten darauf hin, daß wir auf einen Ort gestoßen sind, an dem es Angst vor dem Leben und seinem sich entfaltenden Prozeß gibt. Wir haben Schwierigkeiten, unsere Erfahrung zu integrieren und zu assimilieren.

Daumen

Die Daumen sind die den übrigen Fingern entgegenstellbaren Finger der Hand. Metaphorisch stehen die Daumen für unsere Fähigkeit, etwas zu bedienen, mit Dingen umzugehen und zu handeln, und sie symbolisieren das, was wir aufgerufen sind, in der Welt zu tun oder zu sein. Unser rechter Daumen steht symbolisch für den Vater, und unser linker Daumen steht für die Mutter. Probleme mit den Daumen deuten auf Gefühle von Unzulänglichkeit und Hilflosigkeit hin. Ist der rechte Daumen betroffen, geht es um Angelegenheiten, die etwas mit dem Vater oder dem Beruf zu tun haben. Ist der linke Daumen betroffen, geht es um Angelegenheiten, die etwas mit der Mutter oder mit Beziehungen zu tun haben.

Depression

Die Weltgesundheitsorganisation hat Depressionen als das größte gesundheitliche Problem bezeichnet. Ihr Ursprung liegt in einem Verlust, den wir nicht überwunden haben. Gefühle von Traurigkeit, Niedergeschlagenheit, Melancholie, Schwäche und Opfersein können Anzeichen einer Depression sein. Eine Depression ist eng mit einem Mangel an Selbstachtung verbunden, und sie ist unsere Weigerung, nach einem Verlust, einem zerbrochenen Traum oder einer Sache, von der wir glaubten, sie würde uns glücklich machen, im Leben weiterzugehen.

Diabetes mellitus

Wenn wir an Diabetes mellitus leiden, ist die Fähigkeit unseres Körpers, Zucker zu verarbeiten, beeinträchtigt. Das Wort Zucker wird in vielen Sprachen verwendet, um Süße und Liebe zu beschreiben. Metaphorische Begriffe und Kosenamen wie „mein Süßer", „meine

Süße“, „Honey“[21] oder „mein süßer Schatz“ werden in Hülle und Fülle für die Menschen gebraucht, die uns nahestehen.

Bei Diabetes besteht das Problem nicht darin, daß nicht genügend Zucker vorhanden ist. Der Körper ist nicht fähig, ihn durch seinen normalen Stoffwechsel umzuwandeln. Emotional herrscht eine verborgene Angst vor Süße und Intimität. So wie der Körper den Zucker nicht vollständig in eine für ihn nutzbare Form umwandeln kann, so gibt es in unserem Leben vielleicht genug Liebe, aber irgendwie sind wir nicht fähig, sie voll und ganz zu empfangen oder zu erfahren. Es ist durchaus möglich, daß wir in einer liebevollen und fürsorglichen Beziehung leben oder Mitglied einer äußerst liebevollen Familie sind, daß wir aber einfach nicht fähig oder nicht willens sind, die Liebe auf einer tiefen Ebene zu empfinden. Das Problem ist also eine Blockade, die uns daran hindert, Liebe und Fürsorge zu empfangen. Oft ist es ein Ahnenproblem, das von Generation zu Generation weitergegeben wird.

Divertikulitis

Divertikulitis ist eine Entzündung der Ausstülpungen des Darms. Sie spiegelt Zorn über die Vergangenheit wider, an dem wir festhalten und den wir in Taschen verstauen. Wir legen das Problem und den Zorn zu den Akten, und das führt dazu, daß wir vom Fluß des Lebens abweichen und eine Umleitung nehmen. Wir werden von dem abgelenkt, was wirklich wichtig ist. Sehr oft haben wir das Gefühl, daß das Leben zu schwer oder zu ernsthaft ist. Unter dem Zorn liegen Bereiche von emotionaler Überempfindlichkeit und Versagen eingekapselt. Wir vergraben Aggressionen, und das weist auf Orte hin, an denen Aspekte unseres Selbst gestorben sind und begraben wurden. Nun treiben wir uns an weiterzugehen und versuchen, unser Leben weiterzuleben, und das ist so, als würden wir einen Bürgersteig über einen Friedhof legen.

---

21 Anm. der Übersetzerin: *Honey* ist wörtlich übersetzt der Honig. Im englischen Sprachgebrauch wird das Wort als Kosename benutzt und kann etwa mit „Schätzchen“ oder „Liebchen“ übersetzt werden.

Durchfall

Durchfall ist der häufige unnormal wäßrige Stuhlgang. Dieses Symptom rührt von dem Gefühl her, daß wir in bezug auf eine Angelegenheit oder einen Bereich unseres Lebens „unseren Mist nicht zusammenhaben“. Wir haben das Gefühl, daß wir die Kontrolle verloren haben und unvorbereitet oder schlecht organisiert sind. Durchfall spiegelt eine Angst vor dem nächsten Schritt wider, weil wir diesen Bereich unseres Lebens nicht bewältigt haben.

Ekzem

Ein Ekzem ist eine häufige allergische Reaktion, die in Form von geröteter, trockener, juckender und brennender Haut auftritt. Sie weist auf einen Widerstand hin, bestimmte Persönlichkeiten loszulassen, die ihre eigenen Ziele und ihre eigenen Handlungs- und Denkweisen haben. Wir versuchen uns zu ändern, als ob wir uns zu einer neuen Stufe hin „mausern“ würden, aber das, was uns einen Neuanfang erlauben würde, haben wir nicht überwunden. Etwas im Leben und/oder im Hinblick auf uns selbst irritiert uns. Das Leben, Situationen oder Beziehungen sind uns unter die Haut gegangen. Es ist Zeit, daß wir uns bewegen. Zuweilen kann dieses Leiden Verärgerung über unsere Mutter und ihre falsche Wahrnehmung von uns ausdrücken. Möglicherweise benutzen wir die Situation auch, um die Wahrnehmung, die wir von uns selbst haben, zu verbergen.

Ellbogen

Die Ellbogen bilden das Gelenk zwischen Ober- und Unterarmen. Sie weisen auf Dinge hin, die etwas mit Wettbewerb zu tun haben, damit, daß man die Ellbogen einsetzt, um Menschen aus dem Weg zu schieben, damit man selbst vorankommt. Probleme mit unserem rechten Ellbogen bedeuten, daß wir im Hinblick auf unsere geschäftliche oder berufliche Laufbahn, die unsere Vaterseite ist, in einem Wettbewerb stehen. Probleme mit dem linken Ellbogen deuten darauf hin, daß wir in unserer Beziehung, die unsere Mutterseite ist, in einem Wettbewerb stehen.

Entzündliche Darmerkrankungen

Entzündliche Darmerkrankungen sind Erkrankungen des Darms, die Durchfallattacken, Krämpfe und Fieber hervorrufen. Sie spiegeln Sorgen und Gefühle wider, daß wir „es verlieren“ und „es nicht zusammenhalten“ können. Existentielle Sorgen, Gedanken und Ängste können vorhanden sein, zusammen mit Gefühlen, vernachlässigt und verloren zu sein. Häufig empfinden wir unterbewußt ein Gefühl der Aufopferung und haben das Gefühl, daß wir dafür, daß wir uns so sehr aufopfern, nicht genug zurückbekommen.

Entzündung

Eine Entzündung ist eine lokal auftretende Schutzreaktion gegen eine Verletzung oder Infektion. Eine Entzündung entsteht durch unseren unterdrückten, unerlösten Zorn, der daher rührt, daß wir das Gefühl haben, manchmal sogar durch Kleinigkeiten irritiert und zum Opfer gemacht zu werden.

Erkältung

Dies ist eine Virusinfektion der oberen Atemwege. Eine Erkältung zeigt uns, daß wir traurig sind und an jemandem oder etwas festhalten, weil wir Angst davor haben weiterzugehen. Wir haben Verluste erlitten, um die wir immer noch trauern.

Ermüdung und Lethargie

Ermüdung und Lethargie sind Symptome, die sich auf eine allgemeine Müdigkeit und Erschöpfung beziehen. Sie zeigen, daß wir im Hinblick auf eine bestimmte Sache ein Werturteil fällen. Wir stecken in einem Zustand der Aufopferung fest und treiben uns selbst an. Lethargie bedeutet, daß wir einen Zustand der Trägheit erreicht haben, der von Gefühlen der Vergeblichkeit herrührt und auf einen Glaubenssatz in bezug auf Müdigkeit und ihre Ursachen hinweist.

Ertrinken

Ertrinken ist Ersticken durch Eintauchen in eine Flüssigkeit. Es ist das Resultat von Traurigkeit, einem Gefühl der Untröstlichkeit, einer Überwältigung durch Gefühle von Verlust und Jammer.

Fersen

Die Fersen sind der hintere Teil unserer Füße, und sie stehen für Angelegenheiten, bei denen es um Sturheit, um „die Hacken in den Boden stemmen“ oder um Schuld geht, weil wir das Gefühl haben, daß wir jemanden im Stich lassen. Probleme mit unserer rechten Ferse deuten darauf hin, daß wir in einer Sache, die unsere geschäftliche oder berufliche Laufbahn betrifft, stur sind oder uns schlecht fühlen. Probleme mit der linken Ferse sind ein Hinweis darauf, daß wir in einer Sache, die unsere Beziehung betrifft, stur sind und das Gefühl haben, etwas nicht zu verstehen, was dazu führt, daß wir uns schlecht fühlen. Probleme mit den Fersen deuten darauf hin, daß wir nicht willens sind, bestimmte Änderungen vorzunehmen, um weitergehen zu können, und das führt dazu, daß wir das Gefühl haben, wir würden jemanden im Stich lassen.

Fettsucht

Fettsucht ist ein Zustand anomaler Fettleibigkeit, und sie ist einer der Wege, auf denen wir unser wahres Selbst, unsere wahre Macht, unsere Aufgabe und unsere Sexualität verbergen. Wir sind in schwerwiegenden Mustern von Zügellosigkeit und Aufopferung gefangen. Wir ersetzen Liebe, Verbundenheit und Kreativität durch Essen. Wir haben tiefe Gefühle von Unsicherheit und versuchen, unsere unbewußten und verborgenen Gefühle von Trostlosigkeit, Elend und Verzweiflung zu füllen. Unsere Fettsucht ist ein Versuch, uns gegen die Schocks und Stürze des Lebens zu polstern. Übermäßiges Essen ist ein Weg, um unseren emotionalen Schmerz und unsere Angst zu beruhigen. Es kann eine massive Kompensation für Gefühle des Versagens geben.

Fibrozystische Brusterkrankungen

Fibrozystische Brusterkrankungen sind durch einen oder mehrere gutartige Tumoren in der Brust gekennzeichnet. Sie zeigen, daß wir ein Element abgeschnitten haben, bei dem es um das Nähren geht. Während wir uns antreiben, um voranzukommen, halten wir an einer ungelösten Sache aus der Vergangenheit fest. Ein Teil unserer Aufgabe besteht darin, *die Menschen um uns* zu nähren, aber weil wir das

Gefühl haben, nicht genährt worden zu sein, hegen wir einen Groll. Dieses auf Groll beruhende Werturteil verbirgt unsere eigene Schuld, die ihrerseits wiederum unser Seelengeschenk des Nährens verbirgt. Dieses Geschenk sollte genau den Elternteil nähren, gegen den wir einen Groll hegen, weil er uns nicht genährt hat. All dies ist eine Verschwörung gegen den Teil unserer Lebensaufgabe, der etwas damit zu tun hat, andere zu nähren, weil wir glauben, daß die Aufgabe zu schwer für uns oder das Bedürfnis, das uns umgibt, zu groß ist. Doch wie bei jeder Aufgabe erfüllt der Himmel auch hier unsere Aufgabe durch uns; wir tun es nicht allein. Daher könnten wir die Fürsorge des Himmels für die Menschen, die uns nahestehen, empfangen. Irgendwo haben wir entweder eine Rolle angenommen, die im Gegensatz zu wahrem Geben steht, oder wir haben uns gänzlich von dem Geschenk des Nährens zurückgezogen.

Finger

Finger stehen für Wißbegierde, Forschung und Richtung. Sie stehen dafür, daß wir die Welt berühren, die uns umgibt. Probleme mit den Fingern stehen für Angst, Werturteil und Zorn, zum Beispiel der „anklagende Finger".

Finger – Daumen

Unsere Daumen sind Symbole dafür, Dinge durchzusetzen oder geschehen zu lassen. Wenn wir Probleme mit unseren Daumen haben, stehen wir in einem Konflikt, bei dem es darum geht, etwas zu tun, das uns weiterbringen würde. Es kann auch Probleme geben, die etwas mit Manipulation zu tun haben.

Finger – Kleiner Finger

Unsere kleinen Finger stehen für Probleme oder Unannehmlichkeiten in Beziehungen, Geschäft oder Beruf. Ist der kleine Finger unserer rechten Hand betroffen, besteht das Problem in unserem Geschäft oder Beruf. Ist der kleine Finger unserer linken Hand betroffen, gibt es Unannehmlichkeiten in unserer Beziehung. In geringerem Ausmaß können auch Ringe an diesen Fingern auf diese Probleme hindeuten.

Finger – Mittelfinger

Die Mittelfinger stehen für Kontrolle. Probleme mit unserem rechten Mittelfinger deuten darauf hin, daß wir in unserer geschäftlichen oder beruflichen Laufbahn versuchen, die Dinge zu kontrollieren. Probleme mit dem linken Mittelfinger deuten darauf hin, daß wir in unserer Beziehung versuchen, die Dinge zu kontrollieren. Kontrolle rührt von Angst her, von einem Ort, an dem es uns an Zuversicht mangelt.

Finger – Ringfinger

Beim Ringfinger der rechten Hand geht es um wahre Freundschaft. Der Ringfinger der linken Hand steht für Angelegenheiten, die Liebe oder unseren Liebespartner betreffen. Von ihm führt Akupunkturenergie direkt zu unserem Herzen. Probleme mit dem rechten Ringfinger deuten auf Probleme mit Freundschaft oder mit einem Freund hin. Probleme mit dem linken Ringfinger deuten auf Probleme mit unserem Liebespartner hin.

Finger – Zeigefinger

Die Zeigefinger sind Metaphern für Macht. Mit ihnen weisen wir den Weg. Probleme mit dem rechten Zeigefinger sind ein Zeichen, daß wir in unserer beruflichen Laufbahn Probleme haben, den Weg voran zu finden, weil wir Angst vor Macht haben. Probleme mit dem linken Zeigefinger deuten darauf hin, daß wir in unserer Beziehung Probleme haben, den Weg voran zu finden oder Angst vor Macht haben.

Fortpflanzungsorgane

Die Fortpflanzungsorgane sind die Organe, die an Sex und Zeugung beteiligt sind. Sie stehen für Verbundenheit, um eine neue Stufe der Kreativität und Partnerschaft und so eine neue Geburt herbeizuführen. Probleme in diesem Bereich deuten auf Widerstand gegen Sex, Intimität oder den Vorgang der Geburt hin. Es kann Aspekte von sexueller Scham, Schuld und Angst geben, einschließlich der Angst, der Besitz eines anderen zu sein, zu benutzen oder benutzt zu werden.

Füße

Die Füße sind die Extremitäten der Beine, die für die Standfestigkeit und Beweglichkeit des Körpers sorgen. Unsere Füße sind Metaphern für Verstehen und Bereitschaft, und wir benutzen sie, um bereitwillig vorzutreten. Probleme mit unserem rechten Fuß sind ein Hinweis darauf, daß in unserer geschäftlichen oder beruflichen Laufbahn etwas vor sich geht, das wir nicht verstehen und das führt dazu, daß wir Angst und Unwilligkeit erfahren. Probleme mit unserem linken Fuß sind ein Hinweis darauf, daß in unserer Beziehung etwas vor sich geht, das wir nicht verstehen und das dazu führt, daß wir Angst und Unwilligkeit erfahren. Bei Plattfüßen haben wir das Gefühl, daß wir die Welt auf unseren Schultern tragen, und bei unserer Familie haben wir bereits begonnen, diese Verantwortung zu übernehmen.

Fußknöchel

Der Fußknöchel ist ein Scharniergelenk zwischen Bein und Fuß. Verletzungen an den Knöcheln stehen für unser Bedürfnis nach Unterstützung. Probleme mit dem rechten Knöchel zeigen, daß wir das Gefühl haben, in unserer beruflichen oder geschäftlichen Laufbahn nicht unterstützt zu werden, während Probleme mit unserem linken Knöchel anzeigen, daß wir das Gefühl haben, in Beziehungen nicht unterstützt zu werden. Dies mögen zwar die Gefühle sein, die wir wahrnehmen, doch sie verbergen einen Ort, an dem wir auf einer ganz neuen Ebene zur Unterstützung aufgerufen sind, indem wir uns selbst, einem anderen Menschen oder einer Sache etwas geben.

Fußpilz

Fußpilz ist eine Pilzinfektion der Füße, die darauf hindeutet, daß es uns danach juckt weiterzugehen. Wir sind ehrgeizig und wollen etwas erreichen. Dieses Bedürfnis wird jedoch von anderen Teilen unserer selbst unterdrückt oder steht zu diesen in einem Konflikt.

Fußsohlen

Die Sohle ist die Unterseite unserer Füße. Probleme mit den Fußsohlen spiegeln Dinge wider, bei denen es um unser grundlegendes

Verständnis und unsere Nahtstelle zum Leben geht. Durch Heilung kann eine Angelegenheit auf Seelenebene zutage getreten sein.

Gallenblase

Die Gallenblase ist ein birnenförmiger Sack, der sich an der Unterseite des rechten Leberlappens befindet. Sie stellt dem Verdauungsprozeß Sekrete zur Verfügung, die dazu beitragen, die Nahrung zu zersetzen, damit der Körper sie assimilieren kann. Probleme mit der Gallenblase deuten darauf hin, daß Gefühle von Zorn und Bitterkeit uns überwältigt haben und wir das verurteilen, was vor sich geht. Wir fühlen uns angegriffen und bitter wegen einer Sache und/oder der dreisten Unverschämtheit eines anderen Menschen.

Gallenblasenentzündung (Cholezystitis)

Cholezystitis ist eine Entzündung der Gallenblase, die akut oder chronisch sein kann. Die häufigste Ursache für eine akute Cholezystitis sind Gallensteine. Die Steine stehen für eine kristallisierte oder verhärtete Geisteshaltung im Hinblick auf eine bestimmte Sache. Es ist eine chronische Erfahrung, die uns mit bitteren und zornigen Gefühlen zurückgelassen hat, und wir haben das Gefühl, daß es in unserem Leben etwas gibt, das uns überwältigt oder überlastet. Das kann eine Person oder Situation, aber auch wir selbst sein.

Gallensteine

Gallensteine sind steinähnliche Gebilde, die in der Gallenblase gebildet werden. Sie deuten darauf hin, daß wir die Bitterkeit, die wir wegen einer bestimmten Sache hegen, kristallisiert haben. Wir stecken in Werturteil fest und sind in Erbitterung gefangen.

Gehirn

Das Gehirn ist eine große, weiche Masse, die aus Nervengewebe besteht. Es ist vom Schädel umschlossen. Es ist das Hauptzentrum, das die Körperaktivitäten regelt und koordiniert. Probleme mit dem Gehirn deuten darauf hin, daß wir beim Umgang mit bestimmten Gedanken oder Informationen Schwierigkeiten mit einander widersprechenden Richtungen oder Gedanken haben. Manchmal ist dies auf Gedanken zurückzuführen, die unterschiedlichen Ebenen unseres Geistes entspringen.

Gelbsucht

Gelbsucht zeigt sich durch ein Symptom, bei dem Haut, Augen und Schleimhäute gelb werden. Sie zeugt von einer tiefsitzenden Angst zu leben oder zu interagieren.

Gesäß

Das Gesäß liegt hinter den Hüften und wird von den Gesäßmuskeln geformt. Es steht für die Reserve an Kraft und Stärke, die wir haben, um im Leben weiterzugehen. Probleme in diesem Bereich deuten auf Überlegungen hin, die uns zurückhalten, unser „Wenn und Aber“[22]. Sie können auch auf Zweifel hinweisen oder darauf, daß wir wegen eines Problems feststecken, das die Kraft zu haben scheint, uns zurückzuhalten.

Gesicht

Das Gesicht ist der vordere Teil des Kopfes. Es steht dafür, daß wir den Dingen „ins Gesicht schauen“, statt sie zu verleugnen oder uns selbst zu täuschen. Unser Gesicht zeigt der Welt, wie wir uns im Hinblick auf uns selbst fühlen, wenn wir mit anderen Menschen in Berührung sind. Es spiegelt wider, wie wir uns der Welt zeigen, und es zeigt an, wie wir mit Problemen umgehen und uns ihnen stellen, zum Beispiel in einer Konfrontation[23]. Probleme mit dem Gesicht bedeuten, daß es etwas gibt, dem wir nicht ins Gesicht schauen können, oder daß wir das Gefühl haben, durch Verlegenheit oder Scham „das Gesicht verloren“ zu haben.

---

22 Anm. der Übersetzerin: Hier spielt der Verfasser mit den Worten *buttocks* = „Gesäß“ und *but* = „aber“.

23 Anm. der Übersetzerin: *Face* = „Gesicht“. *Face-off* ist ein amerikanischer Ausdruck für „Konfrontation“.

Gicht

Gicht ist eine Form von Arthritis, die durch Entzündungen der Gelenke gekennzeichnet ist. Sie deutet darauf hin, daß wir in unseren Geisteshaltungen feststecken, uns gehen lassen und unflexibel sind. Sie besagt, daß wir den eigentlichen Dingen aus dem Weg gehen.

Grauer Star (Katarakt)

Der Graue Star ist eine zunehmende Trübung der Linse oder der Linsenkapsel des Auges. Es können auch beide betroffen sein. Er tritt zumeist im Alter auf. Der Graue Star wird durch etwas hervorgerufen, das wir nicht sehen wollen. Er kann eine Angst vor Verlust, Sex oder Aktion anzeigen. Unsere Angst, weiterzugehen und den nächsten Schritt tun zu müssen, rührt von unserer Weigerung her, uns mit bestimmten Gefühlen oder Angelegenheiten auseinanderzusetzen.

Grüner Star (Glaukom)

Der Grüne Star ist eine Augenkrankheit, die durch einen Anstieg des Drucks im Auge verursacht wird. Dieser Druck kann schließlich zu einer Atrophie des Sehnervs und zur Erblindung führen. Die Neigung zu dieser Krankheit wird in der Familie weitergegeben. Sie steht für einen emotionalen Druck oder für einen Ort, an dem ein Selbst in einem emotionalen Trauma gefangen ist. Wir treiben uns selbst an, etwas zu tun, aber wir sehen keinen Weg, es zu tun und weiterzugehen. Schließlich folgt die Erblindung, weil es etwas gibt, das wir nicht sehen wollen. Auf einer bestimmten Ebene bestehen wir unnachgiebig darauf, wie wir selbst oder die Dinge sind. Wir sind nicht bereit, unsere Verantwortung und Notwendigkeit zu erkennen, uns zu ändern, weiterzugehen oder den Weg zu finden. Statt dessen geben wir uns emotional preis, bis wir einen Punkt erreicht haben, an dem wir uns überlastet und überwältigt fühlen.

Gürtelrose

Gürtelrose ist eine Infektion, die bei erwachsenen Menschen durch den Virus *Herpes zoster* (Windpocken) ausgelöst wird. Gürtelrose kann von Gefühlen herrühren, daß wir jemand anderen mit einem

Fluch belegt haben oder von jemand anderem mit einem Fluch belegt wurden und dies akzeptiert haben. Für den zuletzt genannten Punkt sind wir aber nur dann offen, wenn unsere Überzeugung oder unsere Negativität uns dafür öffnet. In bezug auf bestimmte emotionale Reize fühlen wir uns dünnhäutig, gestreßt, überlastet, übermäßig empfindsam und reaktiv.

Gutartiger Tumor

Diese Form eines nicht bösartigen, nicht wiederkehrenden Tumors ist ein Bedürfnis zu geben, während wir gleichzeitig noch zurückhalten, und sie spiegelt unangebrachtes Geben wider. Wir haben unser Bedürfnis eingekapselt, ein bestimmtes Geschenk zu überreichen, und nun bläst es Ballons in unserem Inneren auf, die uns von wahrem Geben ablenken. Ein gutartiger Tumor kann aber auch Bereiche der Introjektion[24] oder einen Ort beschreiben, an dem wir den Schmerz eines uns nahestehenden Menschen „hinunterschlucken". Dieses psychologische Schlucken ist eine große Falle, die uns in Verschmelzung und Co-Abhängigkeit gefangen hält. Sie spiegelt eine uralte Metapher der Heilung wider, aber die Heilenergie, die dem Betroffenen zur Verfügung steht, ist nicht ausreichend, um das auszuspucken oder zu verarbeiten, was er fälschlicherweise angenommen hat.

Haare

Haare sind eine schützende Bedeckung des Kopfes. Probleme mit den Haaren weisen darauf hin, daß wir das Gefühl haben, in einem bestimmten Bereich unseres Lebens den Schutz verloren zu haben und verwundbar geworden zu sein. Vielleicht haben wir das Gefühl, eine „haarige" oder außerordentlich schwierige Erfahrung zu machen. Im Englischen gibt es die Redewendung des „bad hair day", die einen Tag bezeichnet, an dem einfach alles schief geht. Probleme mit zu viel oder zu wenig Haaren deuten auf Gefühle der Verwundbarkeit in Verbindung mit dem Bedürfnis hin, uns zu schützen.

---

24 Anm. der Übersetzerin: „Introjektion" ist ein Fachausdruck aus der Psychologie und bedeutet, daß wir unbewußt fremde Anschauungen, Motive oder ähnliches in unser eigenes Ich einbeziehen.

Hämorrhoiden

Hämorrhoiden sind erweiterte Venen im After, die zu Schmerzen und Juckreiz führen. Sie spiegeln Groll wider. Ein Mensch oder ein Gefühl, das wir wahrnehmen, ist äußerst lästig und ärgerlich[25]. Hämorrhoiden spiegeln den Schmerz des Loslassens wider und können symbolisieren, daß wir das Gefühl haben, zum Opfer gemacht oder hinterrücks angegriffen zu werden (siehe auch Afterjucken).

Hände

Die Hände sind ein Zeichen für Angelegenheiten, bei denen es um Manipulation geht, und sie reflektieren unsere mangelnde Zuversicht, mit etwas fertig zu werden. Probleme mit der rechten Hand spiegeln unseren Mangel an Zuversicht oder einen Versuch der Manipulation im geschäftlichen oder beruflichen Bereich wider. Probleme mit der linken Hand stehen für unseren Mangel an Zuversicht in Beziehungen. Möglicherweise führt dies dazu, daß wir versuchen, unsere Beziehungen zu manipulieren, was früher oder später zu Zurückweisung führt. Besonders im Fall einer Lähmung kann es auch sein, daß wir uns aufgrund einer verborgenen Angst oder Aggression davor zurückhalten, etwas zu tun.

Hals

Der Hals ist der Teil unseres Körpers, der zwischen Kopf und Schultern liegt. Probleme mit dem Hals symbolisieren Starrsinnigkeit wie in „halsstarrigem" oder unbeugsamem Verhalten. Sie sind ein Zeichen für unflexibles, abweichendes Verhalten und für einen ausgeprägten Unterschied zwischen dem, was wir denken, und dem, was wir tun. Der Hals ist das Kraftzentrum, durch das unser Chakra der Führerschaft und unser zweites Kraft-Chakra kommuniziert. Probleme mit dem Hals weisen auf eine Angst entweder vor Kommunikation oder vor Führerschaft hin. Probleme in diesem Bereich beziehen sich auf jemanden oder etwas, der oder das uns „im Nacken sitzt".

---

25 Anm. der Übersetzerin: Der Verfasser verwendet hier den englischen Slang-Ausdruck *pain in the ass*, was wörtlich übersetzt „Schmerz im Arsch" bedeutet. Damit ist eine Person oder eine Sache gemeint, die in äußerstem Maße lästig oder störend ist und einem auf die Nerven geht.

Handgelenk

Das Handgelenk verbindet die Hand und den Unterarm miteinander und ermöglicht die Bewegungsfähigkeit der Hand. Die Handgelenke stehen für Flexibilität und unsere Fähigkeit, mit den Dingen umzugehen. Probleme mit dem rechten Handgelenk deuten auf mangelnde Flexibilität oder Schmerz/Angst in Beruf oder Geschäft hin. Probleme mit dem linken Handgelenk deuten auf mangelnde Flexibilität oder auf Werturteil oder Schmerz/Angst in einer Beziehung hin.

Harnblase

Die Harnblase ist ein muskulöser, membranartiger Behälter für Urin und versinnbildlicht emotionale, sexuelle und spirituelle Angelegenheiten (in dieser Reihenfolge). Probleme mit der Harnblase deuten darauf hin, daß wir in einem oder mehreren dieser Bereiche Probleme mit dem Loslassen haben.

Harntraktinfektion

Eine Infektion des Harntrakts in Harnblase oder Harnröhre ist ein Zeichen dafür, daß wir uns empfindsam und verletzlich fühlen. Wir haben das Gefühl, daß wir emotional angegriffen werden. Unsere ganze Lebensweise kann eine emotionale Belastung für uns sein. Das deutet auf einen Widerstand gegenüber Gefühlen und gegenüber dem Loslassen ganzer Schichten von Gefühlen hin. Metaphorisch betrachtet, ärgern wir uns darüber, daß wir durch bestimmte Erfahrungen hindurchgehen oder bestimmte Gefühle wahrnehmen müssen. Außerdem kann es eine emotionale oder sexuelle Angst oder eine Angst vor Intimität geben.

Hepatitis

Hepatitis ist eine Entzündung der Leber, die darauf hinweist, daß wir verärgert oder zornig darüber sind, wie das Leben ist. Wir müssen uns selbst für eine Angelegenheit oder ein chronisches Problem in unserem Leben vergeben. Um unsere Aufopferung zu kompensieren, haben wir einen geschwollenen und allzu zügellosen Lebensstil geführt. Wir fühlen uns unrein und überwältigt. Unser Zorn hat sich in Form von Gefühlen der Unzulänglichkeit gegen uns selbst gerichtet.

Hernie (Leistenbruch)

Bei einer Hernie treten die Eingeweide durch die Bauchdecke nach außen. Eine Hernie spiegelt unsere Gefühle wider, anhalten und uns vom Leben zurückziehen zu wollen, weil wir uns durch emotionale Belastungen überwältigt fühlen. Aber wir sind zerrissen, weil wir das Gefühl haben, daß wir uns nicht zurückziehen können, und doch tragen wir die Last der Welt. Wir haben unsere Mitte verloren, und die Situation „reißt an unseren Eingeweiden". Wir haben Angst weiterzugehen, weil wir das Gefühl haben, nicht die dazu notwendige Kraft oder innere Stärke zu besitzen.

Herpes (im Genitalbereich)

Herpes im Genitalbereich ist eine Infektion der Geschlechtsorgane, die durch den Virus *Herpes simplex* hervorgerufen wird. Eine Herpesinfektion zeigt, daß wir den Wunsch haben, einer emotional kalten Vergangenheit mit Gefühlen einer leeren oder fehlenden Kindheit zu entfliehen. Weil wir einsam waren, haben wir versucht, Sex zu benutzen, um diese Gefühle wettzumachen. Dadurch haben unsere Handlungen zu Selbstangriff, Schuld und Scham geführt. Diese Infektion ist das Resultat eines schweren Konflikts, und sie ist heikel, weil sie zwei entgegengesetzte Ziele verfolgt. Einerseits gibt es das Bedürfnis nach Liebe, Wärme und Anerkennung durch Sex, andererseits aber gibt es Selbstangriff und Selbstverurteilung, die dadurch erzeugt werden. Herpes blockiert und verwechselt Intimität und Sexualität. Oft erfahren wir Überdruß und Aufopferung, und wir haben das Gefühl, als seien wir in einem Trott gefangen, wobei dieses Gefühl zum Teil auf unseren eigenen widersprüchlichen Gefühlen und unserem Versagen beruht, uns selbst ganz und gar zu geben. Doch auch diese Rollen rühren letztlich von einer Angst vor Intimität her und sollen sie abwehren. Unter all dem verborgen liegen Selbstzurückweisung und Werturteile in bezug auf Sexualität. Sie blockieren Harmonie, Miteinanderteilen und Sex als eine Möglichkeit, um Liebe zu kommunizieren, was eine Erneuerung und Transformation bewirkt.

Herz

Das Herz ist ein hohles, aus Muskeln bestehendes Organ mit der Fähigkeit, sich zusammenzuziehen, und es ist das Zentrum unseres

Kreislaufsystems. Das Herz steht für Mut und Liebe. Probleme mit dem Herzen deuten auf eine schwerwiegende Enttäuschung und auf einen Verlust des Gefühls für unser Selbst hin. Wir wissen nicht mehr, wer wir in der Welt sein wollten. Probleme mit dem Herzen sind ein Hinweis auf Angst, Verletzung, Herzensbruch und Zurückweisung. Wir geben uns selbst nicht mehr von ganzem Herzen.

Herzinfarkt

Ein Herzinfarkt entsteht durch den Verschluß einer oder mehrerer Koronararterien. Das führt dazu, daß das Herzgewebe, das von dieser Arterie versorgt wird, abstirbt. Ein Herzinfarkt steht für ein gebrochenes Herz, dessen Ursache in einem zerbrochenen Traum liegt. Wir befinden uns in einem akuten emotionalen Konflikt, oder wir erfahren schwere Gefühle der Enttäuschung und haben das Gefühl für unser Selbst verloren. Wir fühlen uns im innersten Herzen angegriffen. Wie beim Herzversagen fehlt es auch hier an einer gewissen Zuversicht, um über den Konflikt hinaus zum nächsten Kapitel unseres Lebens weiterzugehen. Wir weigern uns, in unserem Leben weiterzugehen, weil wir an einem Menschen, einem Ort, einem Traum oder einer Sache festhalten.

Herzleiden

Herzleiden ist eine allgemeine Kategorie, die besagt, daß wir ein Herzproblem haben. Unser Herzleiden weist darauf hin, daß wir in Rollen und Aufopferung gefangen sind. Wir geben, sind aber nicht fähig zu empfangen. Wir tragen eine schwere Last, fühlen uns niedergeschlagen und verlieren den Lebensmut.

Herzversagen

Herzversagen tritt ein, wenn unser Herz aufgehört hat zu schlagen. Das geschieht, weil wir in unserer Angst vor dem nächsten Schritt in unserem Leben gefangen sind. Wir haben unser Herz verloren und sind voller Traurigkeit. Das bedeutet, daß es einen großen Verlust gibt, den wir nicht überwunden haben. Es läßt Geben zu, hindert uns jedoch daran, voll und ganz zu empfangen. Wir haben unsere Zuversicht verloren und sind nicht bereit zuzulassen, daß das Leben sich für uns entfaltet. Weil wir an einem Menschen, einem Ort, einem Traum oder einer Sache festhalten, an etwas, von dem wir glauben, daß es uns glücklich machen wird, zögern wir oder weigern uns, im Leben weiterzugehen.

Heuschnupfen

Heuschnupfen ist eine Allergie, die durch Niesen, eine laufende Nase und juckende, wäßrige Augen gekennzeichnet ist. Gewöhnlich sind wir im Frühjahr von ihr betroffen, wenn Pollen in der Luft ist. In dieser Zeit der Neugeburt herrscht eine Melancholie oder Traurigkeit, die von alten Verlusten herrührt. Sie wird generell durch kompensierende Persönlichkeiten oder Aspekte des Selbst zugedeckt, die alle zu einer Zeit verlorener Verbundenheit begannen. Sehr oft handelt es sich hier um ein Ahnenproblem, das an uns weitergegeben wurde. Wir haben das Gefühl von Melancholie und Traurigkeit. Wir haben etwas unterdrückt oder verdrängt.

HIV/AIDS

HIV-positiv

Die Infektion mit dem humanen Immunschwächevirus (HIV[26]) führt oft zur Entwicklung des erworbenen Immunschwächesyndroms (AIDS[27]), bei dem das Immunsystem des Körpers ernsthaft in Gefahr ist. Auf den allertiefsten Ebenen spiegelt diese Infektion verborgene Kämpfe mit Aspekten von Wertlosigkeit und Sinnlosigkeit wider. Wir haben Kompensationen und natürliche Abwehrvorrichtungen verloren, die wir in dem Versuch benutzt haben, uns selbst zu schützen, und emotionalen Schmerz vergraben, so daß nur die Krankheit selbst nun den emotionalen Schmerz verbirgt. Wie jede Abwehr führt auch diese Krankheit letztlich genau die Gefühle herbei, vor denen sie uns eigentlich schützen sollte. Eine lebenswichtige Verbindung ging verloren. Wir haben das Gefühl, daß wir von Familie, Gemeinschaft und Gesellschaft getrennt sind. Aus diesem Grund fühlen wir uns entfrem-

---

26 Englisch: *H*uman *I*mmunodeficiency *V*irus.

27 Englisch: *A*cquired *I*mmune *D*eficiency *S*yndrome.

det, getrennt, wehrlos und ungeschützt. Wir haben das Gefühl, daß wir es allein schaffen müssen. In unserer Kindheit hat etwas gefehlt, das uns verwundbar und schutzlos zurückgelassen hat.

AIDS

Diese Krankheit bedeutet, daß unser Körper seine Fähigkeit verloren hat, zwischen normalen und fremden Substanzen zu unterscheiden. Normalerweise produziert unser Immunsystem Antikörper, um sich gegen fremde Stoffe zur Wehr zu setzen. Bei der Autoimmunerkrankung hält unser Körper sich selbst für fremd und greift sich an. Das Entstehen dieses Syndroms ist auf extrem starken Selbstangriff und Selbstverurteilung zurückzuführen. Wir verurteilen die Gesellschaft, die uns, wie wir glauben, ihrerseits nun verurteilt und angreift. Wir haben das Gefühl, daß wir keine Möglichkeit haben, uns gegen einen Angriff zu verteidigen. Auf einer bestimmten Ebene empfinden wir Unfähigkeit, Hilfe zu empfangen oder zu geben. Statt die Führerschaft zu übernehmen, sind wir in der Falle von Märtyrertum und Rebellion gefangen. Das Märtyrertum nimmt die Form an, daß es keine Hilfe empfangen kann, während es gleichzeitig die Fähigkeit zu geben bei Eltern, Familie und Gesellschaft kritisiert. Doch wir lehnen das ab, wozu wir aufgefordert oder berufen sind: Geben, Führerschaft, unsere Aufgabe und Vision. Genau diese Dinge würden es uns erlauben, all die Hilfe und den Trost zu empfangen, nach denen wir uns so sehr sehnen.

Hoden (Testikel)

Die Hoden sind die männlichen Keim- oder Fortpflanzungsdrüsen. Sie produzieren das Sperma und das männliche Hormon Testosteron. Hoden stehen für Kühnheit und Mut. Probleme mit den Hoden deuten darauf hin, daß wir den Mut verloren haben und unsere Angst vor dem Weitergehen das Kommando übernommen hat. Es ist möglich, daß wir im Hinblick auf unsere Männlichkeit Werturteile hegen und das Gefühl haben, eine besonders wertvolle Perle geopfert zu haben, um etwas zu vollbringen. Es kann um die Erfahrung einer schamanischen Prüfung gehen, bei der wir uns selbst ganz und gar geben müssen, damit wir sie bestehen. Tun wir es nicht, könnte es ein testikuläres Problem sein.

Hüften

Die Hüften bilden das Gelenk zwischen dem Rumpf und den unteren Extremitäten des Körpers. Probleme mit den Hüften deuten auf eine Angst vor Veränderung hin. Es kann sein, daß wir ein tiefgreifendes Bedürfnis nach Veränderung spüren, gleichzeitig aber Angst davor haben. Dies kann dazu führen, daß das Wachstum des Hüftknochens übermäßig stark angeregt wird, wie es bei einigen Jugendlichen der Fall ist. Eher zeigt eine Angst vor Veränderung sich jedoch daran, daß ein älterer Mensch sich die Hüfte bricht. Es gibt etwas, über das wir nicht „auf dem laufenden"[28] sind.

Wenn wir Probleme mit unserer rechten Hüfte haben, liegt die Veränderung, zu der wir aufgerufen sind, in unserer beruflichen oder geschäftlichen Laufbahn. Wenn die linke Hüfte betroffen ist, dann liegt die Veränderung, zu der wir aufgerufen sind, in unserer Beziehung.

Husten

Husten ist eine kraftvolle Anstrengung beim Ausatmen. Er weist darauf hin, daß wir versuchen weiterzugehen, während wir gleichzeitig noch festhalten. Husten steht für eine neue Energie, die zum Ausdruck kommen will, die aber immer noch einen Verlust im Hinblick auf die Vergangenheit spürt. Wir wollen keinen Abschied nehmen, oder wir wollen etwas nicht loslassen, aber wir treiben uns selbst dazu an weiterzugehen. Wir spüren ein Bedürfnis danach, umsorgt zu werden, und wir sind in einem emotionalen Konflikt gefangen. Unser Husten steht für einen Ort, an dem wir emotional feststecken.

Hyperaktivität

Hyperaktivität ist der andauernde Zustand einer anormal erhöhten Aktivität. Sie ist eine Kompensation, entweder für Depressionen oder für unsere Überzeugung, daß wir faul sind. Wir haben das Gefühl, daß es etwas gibt, das wir tun müssen, um zu helfen; doch wir haben keine Ahnung, was es sein könnte, und wir haben Angst, es herauszufinden. Hyperaktivität ist eine Kompensation für unsere Ängstlichkeit.

---

28 Anm. der Übersetzerin: *Hip* ist die Hüfte. *To be hip about something* bedeutet unter anderem, über etwas „im Bilde sein" oder „auf dem laufenden sein".

Hypertonie

(siehe Blutdruck – hoch)

Hypoglykämie (Blutzucker)

Hypoglykämie ist ein erniedrigter Blutzuckerspiegel, der unser fortwährendes Bedürfnis nach Liebe und Bestätigung symbolisiert, das von einem emotionalen Entzug in der Vergangenheit herrührt. Dieses Ungleichgewicht kann durch eine Unabhängigkeit zugedeckt sein, die nach außen hin die Haltung vermittelt, daß man die Kontrolle besitzt.

Hypotonie

(siehe Blutdruck – niedrig)

Impotenz

Impotenz ist die Unfähigkeit, eine Erektion zu erreichen oder aufrechtzuerhalten. Sie ist ein Zeichen für unsere Gefühle von Machtlosigkeit, Bedürftigkeit und Wertlosigkeit. Es findet ein Machtkampf im Hinblick auf Sex statt. Wir sind in einem inneren Konflikt gefangen. Wir wollen einen anderen Menschen besitzen, während wir unseren Wunsch danach leugnen. Unser Versagen kann Angriff, Selbstangriff und Vergeltung sein.

Infektion

Bei einer Infektion dringen Mikroorganismen in das Gewebe des Körpers ein, und dies bedeutet, daß es im Körper eine Kriegszone gibt. Eine Infektion zeigt, daß wir uns der Aufforderung zur Veränderung widersetzen und statt dessen in einen Kampf geraten. Wir fühlen uns überrannt und zum Opfer gemacht, und deshalb kämpfen wir dagegen an.

Infektion (systemisch)

Eine systemische Infektion ist eine Infektion, die den gesamten Körper betrifft, und sie bedeutet, daß wir uns in einem größeren Konflikt befinden. Sie kann auch bedeuten, daß wir davon überzeugt sind, giftig oder destruktiv zu sein, und diese Überzeugungen durch Selbstangriff kompensieren. Um die Menschen, die wir lieben, nicht zu infizieren, nehmen wir die Negativität und den Angriff auf uns selbst. Wir haben Angst, unsere Lebensaufgabe zu umarmen, weil wir Angst haben, daß wir anderen Schaden zufügen werden. Unsere irrigen, nicht integrierten Schattenfiguren halten unsere Angst vor uns selbst aufrecht.

Influenza (Grippe)

Die Influenza ist eine systemische Virusinfektion, die ein starkes Gefühl widerspiegelt, daß wir zum Opfer gemacht werden. Zuweilen haben wir das starke Gefühl, daß etwas endet, aber wir können keinen neuen Anfang erkennen. Wir fühlen uns überfallen und überwältigt und wollen zurückweichen. Wir verstricken uns in etwas und fühlen uns überwältigt. Bei allen Krankheiten, aber besonders bei der Influenza, müssen wir uns ausruhen und die Dinge langsamer angehen lassen, um uns wieder zu integrieren und unsere Mitte wieder neu zu finden, damit wir erneut bereit werden weiterzugehen. Wir versuchen, der gegenwärtigen Situation zu entfliehen.

Inkontinenz (Urin)

Wenn wir an Inkontinenz leiden, verlieren wir die Kontrolle über den Abgang von Urin aus der Harnblase. Sie weist darauf hin, daß wir aufgrund starker oder überwältigender Emotionen „überfließen“. Wir haben das Gefühl, daß wir die Kontrolle über unsere Emotionen verloren haben oder nicht wissen, wie wir mit ihnen umgehen sollen. Dieser Verlust rührt von einem Trauma, einem Konflikt oder starken unbewußten Gefühlen her.

Juckreiz

Juckreiz ist eine Irritation der Haut. Er ist eine Ablenkung und steht für einen unerfüllten Wunsch oder etwas, das uns stört. Juckreiz steht für unseren Ehrgeiz, weiterzugehen oder weiterzumachen.

Kalte Füße

Kalte Füße sind auf eine schlechte Durchblutung zurückzuführen. Sie deuten darauf hin, daß wir Angst haben, in unserem Leben weiterzugehen oder uns zu zeigen.

Kapillaren

Kapillaren sind winzige Blutgefäße, die Systeme oder Geflechte bilden, in denen ein Austausch von Nährstoffen stattfindet. Probleme mit den Kapillaren deuten darauf hin, daß wir in unserem Leben nicht mehr im Gleichgewicht sind und nach Rollen, Regeln und Rezepten leben. Wir haben Probleme mit Aufopferung und das Gefühl, daß wir uns in einer Rolle des Gebens befinden. Das hindert uns daran zu empfangen, und wir haben das Gefühl, daß wir überlastet sind, uns gehen lassen oder beides. Wir haben mehr oder weniger verborgene Urteile oder alte Klagen gegen unsere Eltern.

Karies (Zahnfäule)

Karies ist ein Loch im Zahn, das durch Verfall und einen Fäulnisprozeß entsteht, der durch Bakterien gefördert wird. Faulende Zähne weisen auf Weichheit des Charakters oder emotionales Sich-gehen-Lassen hin. Die Zähne gelten als bester und schnellster Indikator für den Charakter eines Menschen. Sie können auch Probleme mit uns selbst sowie mit Familiensituationen und -dynamiken widerspiegeln.

Karpaltunnelsyndrom

Das Karpaltunnelsyndrom ist eine Entzündung der Sehnen und der Hülle zwischen dem Handgelenksknochen und der Hand. Durch den einfachen täglichen Gebrauch hervorgerufen, deutet das Karpaltunnelsyndrom auf ein Gefühl des Feststeckens und der Überlastung im Hinblick auf unsere Arbeit und ihre Langweiligkeit hin. Wir fühlen uns in einem Trott gefangen und sehen kein Licht am Ende des Tunnels. Wir haben das Gefühl, daß wir unsere Arbeit und unser Leben so, wie es ist, nicht bewältigen können, und wollen ihm entfliehen.

Kastration

Kastration ist die Entfernung der Hoden, die unsere Angst vor Macht, Männlichkeit und Sex kennzeichnet. Sie spricht von einer unbewußten oder übermäßig großen Schuld in bezug auf Sex. Eine Kastration ist eine Metapher für das Gefühl, daß es uns sehr viel gekostet hat, etwas zu vollbringen, und daß wir mit den besonders wertvollen Perlen dafür bezahlen. Kastration ist eine Form von Selbstangriff an einer Stelle, die wirklich schmerzhaft ist.

Kehle

Die Kehle ist der Bereich zwischen Gaumenbogen und Stimmapparat, der den Schlund enthält. Sie ist das Symbol für Kommunikation. In diesem Bereich liegt das Chakra, das sowohl Kraft als auch Führerschaft oder unpersönliche Liebe und das Eingehen auf Hilferufe symbolisiert. Es ist ein Chakra der Kraft, das den Bereich der Führerschaft im Körper repräsentiert. Dieser Bereich steht für Sprechen und Schlucken. Probleme in diesem Bereich betreffen etwas, das wir nicht schlucken können, etwas, das zu sagen wir uns fürchten, oder Angst vor unserer Führerschaft und Kraft.

Kiefer

Der Kiefer beherbergt die Zähne und bildet den Rahmen für den Mund. Probleme mit dem Kiefer stehen für Zorn und für etwas, das uns die Zähne zusammenbeißen läßt. Der Kiefer steht für Entschlossenheit, aber auf eine negative Weise. Er deutet darauf hin, daß es etwas gibt, das wir zurückhalten. Es gibt etwas, daß wir gern mit anderen teilen würden, aber wir haben einen Riegel vorgeschoben, es zurückgehalten und so eine bestimmte Kommunikation unterdrückt.

Kiefergelenksbeschwerden (TMJ-Disorder)

Kiefergelenksbeschwerden sind durch Schmerzen und eine Verschiebung des Kiefergelenks gekennzeichnet. Sie stehen für das Gefühl, alles tragen und so leben zu müssen, als müßten wir alles selbst tun, statt es durch Gnade geschehen zu lassen. Wir fühlen uns negativ und zornig und wollen uns selbst daran hindern, andere verbal anzugreifen. Wir tragen mindestens eine negative Geschichte oder ein negatives Drehbuch in uns, und wir warten mit zusammengebissenen Zähnen darauf, daß wieder etwas Negatives geschieht. Dabei ist uns nicht bewußt, daß wir selbst die Geschichte schreiben. Kiefergelenksbeschwerden sind ein Zeichen für den Druck und den Streß, unter dem wir stehen. Wir arbeiten hart daran, sorgsam zu verhindern, daß etwas Tragisches geschieht, aber wir haben das Gefühl, es nicht verhindern zu können. Wir befinden uns in einem Zustand von dunklen Ahnungen und unterdrücktem Zorn, fühlen uns unzulänglich und „aus den Angeln gehoben", von etwas Wirklichem oder etwas Eingebildetem bedroht. Unsere Angst kann uns nach innen oder nach außen hin bösartig machen.

Kinn

Das Kinn bildet die Spitze des Unterkiefers und steht für Weisheit und Kontemplation gespeicherter Informationen. Zudem steht es für Geisteshaltung, Entschlossenheit und Stolz. Im Englischen ist der Ausdruck „Kinn hoch!"[29] eine Ermunterung, positiv zu sein. Wenn wir unser Kinn hoch tragen, bedeutet das, daß wir mit großer Entschlossenheit nach vorne schauen oder gehen. Wenn wir unser Kinn senken, ist das ein Zeichen für Depressionen. Probleme mit dem Kinn deuten darauf hin, daß wir etwas aufgeben oder das Gefühl haben, zum Opfer gemacht zu werden. Metaphorisch gesehen, spiegelt der Ausdruck „einen aufs Kinn bekommen"[30] wider, daß wir einen harten und direkten Hieb erhalten haben.

Knie

Die Knie sind die Gelenke, die es den Beinen ermöglichen, sich aus Schienbein und Oberschenkelknochen heraus zu beugen. Die Knie stehen für Entscheidungen und für Ausstrahlung und Bindung. Probleme mit den Knien zeigen, daß wir Probleme haben, Entscheidungen zu treffen. Wir haben „weiche Knie" und empfinden es als

---

29 Anm. der Übersetzerin: Im Englischen heißt es: *„Chin up!"* In Deutsch würde man sagen: „Kopf hoch!"

30 Anm. der Übersetzerin: Leider lassen sich die englischen Wortspiele nicht immer so ohne weiteres ins Deutsche übertragen. Im Englischen heißt es *„take it on the chin"*, was im übertragenen Sinne soviel heißt wie „etwas mit Fassung tragen".

schwer, auf einem neuen Weg weiterzugehen. Wir glauben, daß unsere Bedürfnisse nicht erfüllt werden oder daß wir keinen Erfolg haben, wenn wir diese neue Richtung einschlagen. Probleme mit dem rechten Knie deuten darauf hin, daß es in Beruf oder Geschäft einen Problembereich gibt. Probleme mit dem linken Knie deuten darauf hin, daß es in unseren Beziehungen einen Problembereich gibt. Probleme mit den Knien zeigen auf, daß wir versuchen, unsere Bedürfnisse erfüllt zu bekommen, statt uns durch Bindung voll und ganz einzubringen, was wirklich erfüllend ist.

Kniegelenk (Flüssigkeitsstau)

Der Flüssigkeitsstau im Kniegelenk rührt daher, daß wir eine ungelöste Angelegenheit gestaut haben. Er kann widerspiegeln, daß wir Angst davor haben, weiterzugehen oder bestimmte Bedürfnisse nicht erfüllt zu bekommen, wenn wir in unserer Beziehung eine Entscheidung treffen. Das rechte Knie zeigt an, daß es bei dieser Angelegenheit um das Männliche, unsere berufliche Laufbahn oder den Vater geht. Das linke Knie zeigt an, daß es bei dieser Angelegenheit um das Weibliche, unsere Beziehungen oder die Mutter geht.

Knochenbrüche

Ein Bruch entsteht, wenn die Oberfläche des Knochens gebrochen oder gerissen ist. Dies zeigt einen Bereich, in dem wir in der Verurteilung eines anderen Menschen und in einem Angriff auf uns selbst gefangen sind. Etwas, das auf einer unbewußten Ebene vergraben war, ist nun aufgetaucht, um geheilt zu werden. Als Resultat haben wir eine Ebene der Zuversicht oder der Stärke verloren, einen Bruch unseres Selbst erlitten, der auf einen Konflikt hindeutet. Wir haben eine Art von emotionalem Bruch erlitten. Der Bereich unseres Körpers, in dem der Bruch aufgetreten ist, wird uns wichtige Hinweise auf den zugrundeliegenden Prozeß liefern (siehe auch Diagramm der Körperteile).

Kolitis

Kolitis ist eine Entzündung des Dickdarms, die durch die Unterdrückung von Zorn, Wut und Rage hervorgerufen wird. Zerbrochene

Träume haben uns zornig zurückgelassen. Das Gefühl, daß andere nicht die Rolle angenommen haben, die wir ihnen zugedacht haben, hat zu unserer Frustration und Enttäuschung im Hinblick auf uns selbst und andere geführt. Zorn und Bitterkeit aufgrund eines vergangenen emotionalen Traumas haben dazu geführt, daß wir unfähig sind, Fürsorge zu empfangen.

Koma

Ein Koma ist eine anomale, extrem tiefe körperliche und geistige Regungslosigkeit, die das Resultat einer Krankheit oder einer Verletzung ist. Folgende Stufen führen – in der genannten Reihenfolge – zu einem emotionalen Koma: Anstrengung, Aufopferung, Selbstmarterung, Wertlosigkeit, Überwältigung, Burnout[31], Aufgabe, Schock und Koma. Einem Koma liegt das Muster zugrunde, daß wir, als wir Kind waren, in dem Versuch, unsere Familie zu retten, alles gegeben haben und uns doch überwältigt fühlten. Wenn das geschieht, liegen bestimmte Aspekte unseres Selbst, die wir in uns tragen, in der Regel bereits in einem emotionalen Koma. Zu anderen Zeiten in unserem Leben kann das zu einem körperlichen Koma führen. Zumindest ein Selbst fällt in ein Koma in dem Versuch, die Dinge besser zu machen. Dieses Selbst hat sich aufgeopfert und alles gegeben, was es zu geben hatte, und es hat sich über jedes Maß hinaus angestrengt, sich aufzuopfern. Dies ist eine Kompensation für einen oder mehrere Aspekte unseres Selbst, die gestorben oder in ein Koma gefallen sind.

Kopf

Der Kopf ist der Sitz des Gehirns, das der physische Meister und das Kontrollzentrum unseres Körpers ist. Informationen kommen im Gehirn an und werden dort verarbeitet und verteilt. Alle Probleme in diesem Bereich beziehen sich auf Angelegenheiten, bei denen es um Denken, Intuition, Kreativität, Empfangen und Führung geht. Sie stehen für einen Widerstand gegen Information und Führung.

---

31 Anm. der Übersetzerin: Als *Burnout* bezeichnet man das Gefühl einer völligen Erschöpfung (Burnout-Syndrom). Man fühlt sich – im wahrsten Sinne des Wortes – „ausgebrannt".

Kopfschmerzen

Kopfschmerzen sind diffuse Schmerzen in verschiedenen Bereichen des Kopfes. Sie zeigen, daß wir uns den Kopf an der Wand gestoßen haben, um eine bestimmte Sache mit Gewalt durchzusetzen. Wir versuchen, durch die Wand zu gehen, statt die Tür zu benutzen. Auf unrealistische Weise setzen wir uns unter Druck, treiben uns an, fordern zu viel und passen unser Tempo nicht an. Wir versuchen zu sehr, etwas zu begreifen oder etwas zu entscheiden, und wir widersetzen uns der Führung oder Information, die uns zur Verfügung steht.

Krämpfe (Krampfanfall)

Krämpfe sind eine Störung der Zerebralfunktion mit Anfällen in Form einer veränderten bewußten Motorik oder sensorischer Phänomene. Krämpfe oder Zuckungen bedeuten, daß wir uns in einem Belagerungszustand befinden. Wir sind in einem Konflikt, gelähmt von der Angst, weiterzugehen und auf einer völlig neuen Ebene geboren zu werden. Wir haben Angst vor dem Unbewußten und davor, daß wir Informationen empfangen könnten, die für unsere Lebensaufgabe wichtig sind. Krämpfe sind eine Möglichkeit, um unseren gesamten Prozeß abrupt zum Stehen zu bringen. Eine Emotion hat uns in ihrem Griff und schüttelt uns durch. Wir liegen in den Wehen, ohne daß eine Geburt stattfindet, und haben das Gefühl, daß wir gegen unseren Willen genommen wurden. Wir haben Angst vor unserem eigenen Geist. Außerdem gibt es einen verborgenen Versuch, etwas zu bekommen, weil wir das Gefühl haben, daß man uns etwas ganz Lebenswichtiges genommen hat.

Krampfadern

Krampfadern sind geschwollene, erweiterte und knotige, blind endende Venen, die in den Beinen zu Gefühlen von Ermüdung und dumpfem Schmerz führen. Metaphorisch betrachtet, haben sie etwas mit Beziehungen oder Projekten zu tun, die nirgendwohin geführt haben. Wir haben das Gefühl, Zeit mit etwas verschwendet zu haben. Es gibt einen Mangel an Fruchtbarkeit. Wir fühlen uns unproduktiv und faul, zuweilen trotz unserer Produktivität. Wir haben Seelengeschenke, die wir noch nicht überreicht haben. Möglicherweise wurde auf einer Seelenebene eine Beziehung vereinbart, die nie stattgefunden hat, obwohl wir uns in diesem Leben begegnen wollten. Irgendwie haben wir uns verfehlt, und aus der Beziehung ist niemals etwas geworden.

Krebs

Bei Krebs verändern sich gesunde, funktionierende Zellen und werden bösartig. Sie übermitteln dann fehlerhafte Informationen, und die krebsbefallenen Zellen wachsen auf eine anomale und zerstörerische Weise. Krebs ist die Verkörperung von Zorn, der sich gegen uns selbst richtet. Er spiegelt einen Ort der Schuld und des Selbstangriffs wider. Zwischen sechs und achtzehn Monate vor dem Ausbruch der Krebserkrankung gab es ein Trauma mit einem bedeutenden Gegenüber, und wir haben einen anderen Menschen angegriffen, indem wir uns selbst verletzt haben. Krebs offenbart ein Bedürfnis zu geben, das außer Kontrolle geraten oder ganz und gar unangebracht ist, während wir immer noch Angst vor unserer Lebensaufgabe haben. Krebs ist ein Zeichen für Angst vor dem nächsten Kapitel in unserem Leben und vor einer großen oder radikalen Veränderung.

Ein Tumor kapselt unseren verdrängten Zorn, unsere Bosheit und unsere verborgenen, widersprüchlichen Glaubenssätze ein. Wir versuchen, unserem Schmerz oder unserer Enttäuschung Schutz zu bieten, während wir uns bemühen, negative Überzeugungen und böse Selbstkonzepte zurückzuhalten, in denen wir uns selbst als negativ oder böse sehen. Diese irrigen Überzeugungen und Selbstkonzepte entspringen unerlösten emotionalen Bruchstellen und Herzensbrüchen. Wir erhalten weitere Informationen zu unserer Krebserkrankung, wenn wir diese Informationen mit dem betroffenen Körperteil vergleichen (siehe Diagramm des Körpers). Wenn wir beispielsweise Magenkrebs haben, dann wissen wir, daß es bei unserem Zorn auch um unsere Fähigkeit geht, zu akzeptieren, zu integrieren, zu empfangen und uns nähren zu lassen.

Kropf

Ein Kropf ist eine vergrößerte Schilddrüse. Er spiegelt unser Gefühl wider, daß wir von etwas Wesentlichem abgeschnitten sind. Wir versuchen, etwas zurückzubekommen. Wir kompensieren übermäßig für das Gefühl, daß es uns an Macht mangelt.

Kurzsichtigkeit

Kurzsichtigkeit ist die Unfähigkeit, in der Entfernung klar zu sehen. Sie spiegelt unsere mangelnde Fähigkeit wider, weitreichende Perspektiven zu begreifen. Außerdem fehlt etwas in unserer spirituellen Vision.

Lähmung

Lähmung ist der Verlust oder die Beeinträchtigung motorischer Funktion. Lähmung ist eine Auswirkung von Angst, die uns sprichwörtlich bewegungsunfähig und starr macht. Sie zeigt eine Angst vor Veränderung und Angst davor, auf einer völlig neuen Ebene unseres Lebens geboren zu werden.

Leber

Die Leber ist das größte Organ im Körper, und ihre Aufgabe beim Verdauungsprozeß besteht darin, Glukose in Glykogen umzuwandeln, das sie anschließend speichert. Sie speichert nicht nur viele Vitamine, sondern sie reinigt auch das Blut, indem sie toxische Substanzen daraus entfernt. Die Leber steht für Angelegenheiten, bei denen es um „Leben“ oder „Sterben“ geht. Sie kann Angelegenheiten reflektieren, bei denen es um Zorn geht. Probleme mit der Leber können darauf hindeuten, daß wir in Richtung Tod gehen. Außerdem ist sie ein Gradmesser dafür, wieviel Selbstangriff und Gift und wieviele „böse Geschichten“ und Schattenfiguren wir in uns tragen, die wir nicht losgelassen haben.

Leukämie

Leukämie ist das unkontrollierbare Wachstum weißer Blutkörperchen, das ein starkes Bedürfnis danach reflektiert, uns zu verteidigen. Etwas, das sehr schmerzlich ist, ist zutage getreten, um geheilt zu werden, und wir haben das Gefühl, daß wir uns vor ihm schützen müssen, statt mit dem Schmerz umzugehen. Die Angstreaktion kann so groß sein, daß der Schutz wichtiger wird als wir selbst. Er ist wichtiger geworden als das Empfangen dessen, was uns zusteht, sogar wichtiger als das Leben selbst. Der Verlust roter Blutkörperchen ist der Verlust des Gefühls, daß wir stark genug sind, um dem Leben gewachsen zu sein. Weil wir uns unwürdig fühlen, nähren wir uns nicht, und wir lassen nicht zu, daß wir genährt werden. Unsere Gebrechlichkeit und Empfindsamkeit verbergen unsere Abwehrhaltung. Unter unserer großen Aufopferung greifen wir uns selbst an, und wir benutzen sie, um andere anzugreifen. Diese Aufopferung ist eine Kompensation für den Groll, daß wir nicht genährt, geliebt oder als etwas Besonderes behandelt werden. Darunter verbirgt sich eine noch tiefere Ebene von Schuld dafür, daß wir nicht geben, was benötigt wird und was wir mitgebracht haben, um es unserer Familie zu geben und sie so vor sich selbst zu retten.

Linke Seite des Körpers

Die linke Seite ist die weibliche Seite des Körpers. Unsere linke Seite ist der Teil von uns, der unser Empfangen symbolisiert. Außerdem steht die linke Seite für Beziehung und betrifft die Mutter.

Lippen

Die Lippen sind die weiche äußere Struktur der Mundhöhle. Sie stehen für Zärtlichkeit und Angelegenheiten von Geben und Empfangen. Große Lippen sind ein Zeichen für eine ererbte emotionale Großzügigkeit. Sehr dünne Lippen sind ein Zeichen dafür, daß wir uns selbst emotional zurücknehmen, ausgenommen bei den Menschen, die uns am nächsten stehen. Probleme mit den Lippen können auf Gefühle von Verletzung oder Verwundbarkeit hinweisen.

Lungen

Die Lungen liegen in der Brusthöhle und sind die Atmungsorgane des Körpers. Sie stehen für unsere Fähigkeit, das Leben in uns aufzunehmen. Atmen heißt leben und lebendig sein. Bei Lungenproblemen geht es um Selbstangriff und das Gefühl, daß wir nicht das Recht haben, zu leben, in Fülle zu leben oder ein eigenes Leben zu haben. Schleim oder Flüssigkeit bei Lungenproblemen zeigen tiefe Gefühle von Traurigkeit.

Lungenentzündung (Pneumonie)

Pneumonie ist eine Entzündung der Lungen, bei der diese sich mit Flüssigkeit füllen. Sie ist ein „neuer Seufzer“ inmitten aller anderen Verluste. Es gibt einen neuen Verlust, einen klassischen Fall von tiefem Kummer. Wir scheinen in Gefühlen des Grams zu ertrinken.

Lymphödem

Ein Lymphödem ist eine Ansammlung von Flüssigkeit im Gewebe, deren Ursache ein blockiertes Lymphgefäß ist. Dieser Zustand zeigt etwas an, das wir nicht losgelassen haben, das uns emotional zurückgehalten hat. Es gibt etwas, das den Fluß in unserem Leben unterbricht.

Lymphom (Hodgkin-Krankheit)

Ein Lymphom ist eine Krankheit, bei der die Lymphozyten sich rasch vermehren, was zu einer starken Vergrößerung der Lymphknoten führt. Jede Krankheit, das Lymphom aber ganz besonders, ist ein lauter Ruf nach Hilfe und Unterstützung. Es kann auch ein Anzeichen für einen Ort sein, an dem wir uns schuldig fühlen und nicht fähig sind, unsere Unschuld zu finden.

Magen

Der Magen ist ein Verdauungsorgan und liegt unterhalb des Zwerchfells. Metaphorisch betrachtet, steht er für unsere Fähigkeit, das, was wir empfangen, zu verstehen und zu akzeptieren. Er spiegelt wider, wie wir den emotionalen Inhalt unserer Lebenserfahrung verdauen, so daß wir von ihr genährt werden können. Probleme mit unserem Magen deuten darauf hin, daß etwas „uns nicht bekommt“, daß es emotional unverdaulich für uns ist. Das führt dazu, daß wir nicht empfangen oder uns nähren lassen können.

Magengeschwür

Ein Magengeschwür ist ein ausgehöhlter oder angefressener Bereich in der Wand des Magens. Aus übergroßer Sorge fressen wir an uns selbst. Wir empfinden Streß und Angst, treiben uns an und haben das Gefühl, daß wir alles selbst tun müssen.

Magenschmerzen

Wenn unser Magen schmerzt, rührt das von unserem Widerstand gegen einen Prozeß her, durch den hindurchzugehen wir aufgerufen sind. Es gibt Gefühle, die wir nur sehr schwer verstehen und akzeptieren können, und wir wollen sie nicht wahrnehmen, weil sie scheinbar zu schmerzlich sind. Unser Widerstand gegen diese Angelegenheit bereitet uns Magenschmerzen.

Makula-Degeneration

Bei einer Makuladegeneration gehen Zellen im Auge zugrunde, was zu einem Verlust der zentralen Sehschärfe im betroffenen Auge führt. Das periphere Sehvermögen ist davon nicht in Mitleidenschaft gezogen. Dieses Leiden steht dafür, daß wir das nicht sehen, was offensichtlich ist, und das verpassen, was sich vor unserer Nase befindet und in unserem Leben von zentraler Bedeutung ist.

Mastdarm (Rektum)

Der Mastdarm ist ein ungefähr zwölf bis fünfzehn Zentimeter langer Schließmuskel am Ende des Dickdarms, dessen Funktion darin besteht, die Passage des Stuhlgangs zu kontrollieren. Die Metapher für den Mastdarm ist das Gleichgewicht, die Vergangenheit loszulassen, um Raum für das Neue zu schaffen. Bei Problemen mit dem Mastdarm geht es um die Schattenfigur des Zerstörers und Vernichters oder um Schuld wegen der Fehlschöpfungen und Destruktivität in unserem Leben. Dies kann dazu führen, daß wir das zerstören, was wir in unserem Leben vollbracht haben.

Mastdarmkrebs (Rektumkarzinom)

Der Mastdarm funktioniert als Schließmuskel für die Passage von Stuhlgang. Wenn wir Mastdarmkrebs haben, setzen wir den Schmerz in diesem Bereich auf einer anderen Ebene fort (siehe Afterschmerz). Wir wollen die Vergangenheit loswerden, koste es, was es wolle. Die Schattenfigur des Zerstörers und Vernichters spielt hier eine äußerst wichtige Rolle.

Meningitis

Meningitis ist eine Entzündung der Häute, die Gehirn und Rückenmark bedecken. Wir sind desillusioniert worden im Hinblick auf etwas, von dem wir meinen, es sei für unser Leben von zentraler Bedeutung. Das hat zu Zorn, Enttäuschung und Todesversuchung geführt. Meningitis kann auf die zutage tretende tiefste Kernerinnerung hindeuten, wo wir das Gefühl hatten, nicht sicher und nicht geschützt zu sein. Unser Konflikt rührt daher, daß wir uns auf eine Weise emotional angegriffen fühlen, die uns den Mut raubt und uns mit Angst erfüllt. Er kann von unerwiderten Gefühlen herrühren oder daher, daß wir nicht bekommen, was wir bekommen wollten. Das kann geschehen, obwohl wir auf eine bestimmte, vorgeschriebene Weise handeln oder die „richtigen“ Dinge tun. Es herrschen Frustration oder Zorn, weil wir nicht das bekommen, was wir wollen. Unsere Konflikte rühren daher, daß wir nicht bereit sind weiterzugehen. Zwar gibt es bei jeder Krankheit eine Beziehungskomponente, aber möglicherweise betont diese Krankheit die Seite, bei der es um unsere Aufgabe, unsere berufliche Laufbahn oder unser „Tun“ geht.

Menopause

Menopause ist das Ende der Menstruation. Sie bedeutet, daß wir in den Lebenszyklus der spirituellen oder weisen Frau eintreten. Es ist eine Zeit des Übergangs, in der wir in einer anderen Form des Lebens, Tuns und Seins einen Wert finden müssen. Es ist ein Übergang, bei dem wir einen neuen Wert für uns selbst finden müssen, der nicht mehr länger darin besteht, Kinder zu gebären, sondern darin, Weisheit zu bringen und ein spirituelles Wesen zu sein.

Menstruationskrämpfe

Menstruationskrämpfe rühren daher, daß die Gebärmutter während der Menstruation verkrampft. Sie deuten auf ein Bedürfnis nach

Selbsterhöhung, Aufmerksamkeit und Liebe hin und sind eine Form von Selbstangriff dafür, daß wir eine Frau sind. Wir sind auf typische Weise im Teufelskreis einer Frau aus Selbsterhöhung und Aufopferung gefangen. Selbsterhöhung ist vorgetäuschte Liebe, und Aufopferung ist vorgetäuschtes Geben aus Rollen heraus, in denen wir uns selbst nicht geben. Beide halten uns davor zurück, als Frau voll und ganz wir selbst zu sein.

Migräne

Migräne wird oft von Sehstörungen und Verstimmungen im Magen- und Darmbereich begleitet. Dieser schwere Kopfschmerz zeigt, daß wir einen enorm großen Widerstand gegen eine Lektion, Erkenntnis oder Führung aufgebaut haben. Wir sind aufgerufen, uns zu ändern, und das geht uns gegen den Strich[32]. Eine Migräne ist eine Blockade und die Weigerung zuzuhören. Wir glauben, daß die ganze Last auf unseren Schultern liegt. Das verbirgt den Wunsch danach, daß wir alles auf unseren Schultern haben wollen, um eine gewisse Belohnung zu bekommen wie Selbsterhöhung, Eigendünkel, Kompensation für Schuld und so weiter. Migräne ist ein Ruf nach Hilfe, während wir gleichzeitig die Hilfe von uns fortstoßen. Sie spiegelt in der Regel eine Angst vor Veränderung wider und kann auch auf eine Angst vor Sexualität, vor dem Unbewußten oder vor dem Spirituellen hindeuten.

Milz

Die Milz liegt im oberen linken Quadranten der Bauchhöhle, und ihre Funktion besteht darin, Blut zu bilden. Metaphorisch gesehen, geht es bei der Milz darum, unserem Zorn und unserer Negativität Luft zu machen. Probleme mit der Milz weisen darauf hin, daß wir von unserer Negativität überwältigt sind. Unser Zorn ist so groß, daß es uns nicht gelingt, ihm gänzlich Luft zu machen.

---

32 Anm. der Übersetzerin: Der Verfasser spielt hier mit der Phonetik der Worte *migraine* und *my grain*, die gleich ausgesprochen werden. *Migraine* ist die „Migräne", und die in diesem Zusammenhang gebrauchte Redewendung *something goes against my grain* übersetzt man mit „etwas geht mir gegen den Strich".

Mononukleose (Drüsenfieber)

Mononukleose ist eine Virusinfektion, die in der Regel durch Küssen übertragen wird und daher allgemein auch als „Kußkrankheit" bekannt ist. Sie kann von Gefühlen des Verlustes, der Einsamkeit, der Sinnlosigkeit und der Depression herrühren. Wir fühlen uns verloren, fehl am Platz, geschwächt und überwältigt. Wir schlafen viel, um einer äußerst wichtigen Angelegenheit aus dem Weg zu gehen, der wir uns stellen müssen, wie zum Beispiel Beziehung oder Sexualität. Wegen eines zerbrochenen Traums oder einer Angst, daß ein Traum oder eine Phantasievorstellung sich möglicherweise nicht verwirklichen lassen, haben wir Angst weiterzugehen.

Morbus Crohn

Siehe entzündliche Darmerkrankungen.

Morgendliche Übelkeit (chronisch)

Die Kennzeichen für morgendliche Übelkeit sind Brechreiz und Erbrechen während der Schwangerschaft. Chronische morgendliche Übelkeit bedeutet, daß wir uns gegen die Veränderung wehren, die wir körperlich und emotional durchmachen. Wir senden einen Ruf nach Liebe und Hilfe aus. Es kann jedoch auch hier Elemente von Bedürftigkeit, Selbsterhöhung, emotionaler Erpressung und Angriff geben. Sie kann auch auf einen Mangel an Verbundenheit zu dem Kind hinweisen, der auf die Trennung und verlorene Verbundenheit unserer eigenen Eltern zurückzuführen ist.

Multiple Sklerose

Multiple Sklerose ist eine chronische neurologische Krankheit, bei der die Nervenhülle stellenweise zerstört wird. Wir fühlen uns, als würden wir unseren natürlichen Schutz verlieren, und als Resultat der multiplen Sklerose verlieren wir unsere Nerven (unseren Mut) im Hinblick auf das Leben und darauf weiterzugehen. Wir fühlen uns emotional hilflos und verletzlich. Diese Krankheit ist eine Form von Entschuldigung dafür, daß wir überhaupt leben.

Mund

Der Mund ist die von den Wangen umschlossene Mundhöhle, die Zunge und Zähne enthält. Beim Mund geht es um Nahrungsaufnahme und um unsere Kommunikation mit der Welt. Probleme mit dem Mund haben etwas damit zu tun, daß wir Angst vor dem Empfangen haben. Sie können auch darauf hinweisen, daß wir Angst haben, uns den „Mund zu verbrennen", indem wir verbal angreifen.

Muskelkrämpfe

Ein Krampf ist eine spasmodische muskuläre Kontraktion. Er ist ein Zeichen dafür, daß wir uns ausdehnen müssen, während wir zur gleichen Zeit das Gefühl haben, gefangen zu sein oder von etwas aufgehalten zu werden. Muskelkrämpfe kennzeichnen sowohl ein Bedürfnis nach als auch eine Angst vor Freiheit. Wir fühlen uns eingeengt, zuweilen von unserem eigenen Bedürfnis nach Sicherheit.

Muskelzerrung

Ein gezerrter Muskel ist ein überdehnter Muskel. Er ist ein Zeichen dafür, daß wir uns zu sehr verausgabt haben und etwas wiedergutmachen wollten, indem wir uns aufgeopfert haben. Es könnte durch Gnade geschehen sein, wenn wir nicht versuchen würden, alles selbst zu tun und uns nur auf unsere eigene Stärke zu verlassen.

Nägel

Nägel sind flache Platten, die aus einer hornartigen Zellstruktur der Oberhaut bestehen und an den Spitzen von Fingern und Zehen zu finden sind. Unsere Nägel sind hart und schützend. Bei ihnen geht aber es auch um Zärtlichkeit und Verwundbarkeit. Probleme mit den Nägeln bedeuten, daß es eine Verletzung in einem Bereich gibt, in dem wir versuchen, zu nehmen oder zu bekommen. Wir fühlen uns verletzt und verwundet, „festgenagelt" durch eine Handlung von außen, in der unsere Finger sich verfangen haben.

Narben

Eine Narbe ist das Resultat einer Wunde, ein Zeichen, das auf der Haut oder einem inneren Organ zurückbleibt. Wenn die Haut oder ein inneres Organ verletzt wurde, wird diese Stelle durch Bindegewebe ersetzt. Narben sind auf eine emotionale Wunde zurückzuführen, die wir nicht überwunden haben. Die Narbe ist ein Zeichen dafür, wie diese emotionale Wunde sich auf uns ausgewirkt hat.

Nase

Die Nase ist unser Geruchsorgan. Gleichzeitig erwärmt, befeuchtet und filtert sie die eingeatmete Luft. Sie steht für Angelegenheiten, bei denen es um Erkennen, Wissen und „eine Nase für Neuigkeiten“ geht, die dafür sorgt, daß wir auf dem neuesten Stand der Dinge bleiben. Dies weist auf unser Maß an Ehrgeiz und geschäftlichem Scharfsinn hin. Zuweilen kann sie auch ein Spiegel unserer Sexualität sein. Probleme mit unserer Nase deuten darauf hin, daß wir unsere Nase in etwas hineinstecken, das uns nichts angeht. Wir „schnüffeln“ herum, um etwas zu erfahren. Die Nase kann leiden, wenn wir Geheimnisse oder Familiengeheimnisse bewahren, weil das an uns fressen kann. Ein Schlag auf die Nase kann einen schmerzhaften Schock bedeuten: „Wir kriegen eins auf die Nase.“ Die Nase kann auch für eine negative Geisteshaltung stehen, für etwas, das uns in unserem Leben oder unserer Sexualität behindert. Wenn es um Boshaftigkeit uns selbst oder anderen gegenüber geht, „beißen wir uns in die Nase, um unserem Gesicht eins auszuwischen“[33].

Nekrotische Erkrankungen

Nekrotische Erkrankungen sind „fleischfressende“ Leiden, die uns zeigen, daß wir uns in einem Zustand des massiven Selbstangriffs befinden. Wir fühlen, daß etwas an uns frißt. Das kann eine Erfahrung, ein Gefühl oder eine Vorstellung sein. Groll, Angriff und Selbstangriff verzehren uns. Eine starke, selbstzerstörerische Persönlichkeit „frißt uns bei lebendigem Leibe auf“, und wir kompensieren dafür, während wir die Schattenfigur des Zerstörers in uns verbergen.

---

33 Anm. der Übersetzerin: In Verbindung mit der Nase ist diese schöne Redewendung, die der Verfasser hier benutzt, nur zu verstehen, wenn man sie wörtlich übersetzt. Im Englischen heißt es: *„...we are biting our nose to spite our face“*. Im übertragenen Sinne würde man wohl sagen: „Wir schneiden uns ins eigene Fleisch.“

Nesselsucht (Urticaria)

Nesselsucht ist eine allergische Reaktion auf etwas in unserem Leben, das uns irritiert. Etwas macht uns wütend und ist uns unter die Haut gegangen. Nesselsucht kann ein großes Maß an Emotion oder Arbeit widerspiegeln, die uns übermäßig beanspruchen. Es kann ein großes Maß an nicht verarbeiteten Erfahrungen geben, das daher rührt, daß wir zu beschäftigt oder in einer Sache gefangen sind. Zudem spiegelt sie eine Art von emotionalem Widerstand gegen unsere gegenwärtige Situation wider.

Nieren

Die Nieren liegen links und rechts im hinteren Bereich der Bauchhöhle. Ihre Aufgabe besteht darin, Urin auszuscheiden und zur Regulierung des Wasser-, Elektrolyt- und Säuren/Basen-Haushalts im Blut beizutragen. Die Nieren stehen für Reinigung und für die Klärung von negativen Emotionen. Probleme mit den Nieren sind ein Zeichen dafür, daß es mehr Emotionen gibt, die der Klärung bedürfen, als wir bewältigen können. Wir fühlen uns überwältigt oder allgemein unfähig, mit bestimmten Emotionen umzugehen.

Nierensteine

Nierensteine werden durch den Urin ausgefällt, und sie zeigen, daß wir eine Emotion kristallisiert und verdichtet haben. Das bedeutet, daß wir eine Sache nicht losgelassen oder nicht vollständig überwunden haben. Diese Sache hat sich nun verdichtet, weil wir das Gefühl haben, daß wir feststecken und verloren sind. Wenn wir jede, selbst die negativste Emotion, ganz und gar loslassen, ist das wahrlich lebensspendend, und das Festhalten an selbst der geringfügigsten negativen Emotion kann zu einem Problem werden.

Ödem

Ein Ödem ist eine übermäßige Ansammlung von Flüssigkeit in den Gewebespalten des Körpers. Es besagt, daß wir an einer Emotion festhalten. Eigentlich soll das Festhalten unsere Gefühle von Verlust von uns fernhalten, aber in Wirklichkeit sorgt es dafür, daß wir unseren Verlust immer wieder spüren.

Ohren

Die Ohren sind unsere Hörorgane. Sie haben mit dem Empfangen von Botschaften zu tun. Probleme mit unseren Ohren weisen auf etwas hin, das wir nicht hören wollen. Wir widersetzen uns einer Botschaft, die wir hören müssen, doch wir sind nicht bereit, uns zu ändern.

Ohrinfektionen

Eine Ohrinfektion ist eine gewöhnlich durch Bakterien hervorgerufene Infektion, die im Inneren des Ohres auftritt. Jede Infektion im Körper ist eine Kriegszone. Sie ist ein Ort, an dem wir uns einem Ruf nach Veränderung widersetzen und statt dessen in einen Kampf geraten. Die Metapher ist das „Schlachtfeld", auf dem die Verteidigungskräfte des Körpers den eindringenden Mikroorganismen entgegentreten. Es spielt eine große Rolle, welcher Bereich des Körpers von der Infektion betroffen ist. Die körperlichen Symptome einer Ohrinfektion sind der Schmerz der Entzündung und häufig ein Verlust des Hörvermögens. Eine Entzündung deutet auf etwas hin, über das wir zornig und „entbrannt"[34] sind. Sie weist auf etwas hin, das wir nicht hören wollen und gegen das wir kämpfen, um es nicht hören zu müssen. Außerdem spielt es eine Rolle, welches Ohr von der Infektion betroffen ist. Wenn das rechte Ohr entzündet ist, gibt es in bezug auf unsere geschäftliche oder berufliche Laufbahn oder auf unseren Vater, Ehemann oder Partner etwas, das wir nicht hören wollen. Wenn das Problem in unserem linken Ohr auftritt, kämpfen wir darum, etwas in bezug auf Beziehungen oder unsere Mutter, Ehefrau oder Partnerin nicht hören zu müssen.

Osteoarthritis

Osteoarthritis ist eine nicht entzündliche, degenerative Erkrankung der Gelenke, die durch den Zerfall des Knorpels verursacht wird, der die Knochenenden umgibt. Wenn wir an Osteoarthritis leiden, zeigt

34 Anm. der Übersetzerin: Im Englischen ist *inflammation* die „Entzündung". Das Verb *to be inflamed* bedeutet gleichzeitig „von etwas entbrannt sein" oder „über etwas erregt sein".

das, daß wir in einem Zustand der Erstarrung sind und das Gefühl haben, wir würden unsere emotionale und gesellschaftliche Flexibilität verlieren. Möglicherweise nehmen wir Zuflucht zu immer größerer Kontrolle, weil wir Angst haben, sie zu verlieren. Rollen wie zum Beispiel Aufopferung zerfallen zu den Gefühlen, die wir kompensieren, wie zum Beispiel Schuld. Andere vorherrschende Gefühle sind möglicherweise Unwürdigkeit, Bedürftigkeit, Versagen, Minderwertigkeit und ein verborgenes Gefühl, daß unser Leben auseinanderfällt. Allem liegt eine Angst vor Veränderung zugrunde, ein Festhalten daran, wie die Dinge sind.

Osteoporose

Osteoporose ist die am weitesten verbreitete Knochenkrankheit der Welt. Sie rührt von einer Verringerung der Knochendichte her, die dazu führt, daß die Knochen schwach werden. Es herrschen Gefühle von Mangel, Leiden und Angst, die Kraft und Charakter zersetzen. Alle Rollen, die als eine Kompensation gedient haben, um unsere Gefühle von Bedürftigkeit, Verletzung und Schuld zu verbergen, beginnen zu versagen. Wir haben eine Gelegenheit, lange verborgene Emotionen zu integrieren und so zu heilen. Kompensationen sind Abwehrstrategien, die verhindern, daß wir empfangen, denn sie sind kein wahres Geben, sondern nur ein Abwehrmechanismus. Sie mögen uns stark und gut erscheinen, aber sie sind eine Aufopferung und verbergen Gefühle von Angst, Bedürftigkeit, Versagen oder Schuld. Indem wir uns dafür entscheiden, die Rollen und verborgenen Gefühle zu integrieren oder miteinander zu verschmelzen, können wir auf neue Stufen von Stärke, Integrität und der Fähigkeit, zu empfangen, gelangen. Anstelle eines kompensierenden Verhaltens aufgrund von altem Schmerz führt Integrität uns zu neuen Stufen von Unschuld, Frieden, Weisheit und Zentriertheit.

Parkinsonsche Krankheit

Die Parkinsonsche Krankheit ist eine Nervenstörung, die durch einen langsam stärker werdenden Tremor (Zittern) gekennzeichnet ist. Sie zeigt uns, daß wir in einer unbewußten Angst gefangen sind, bei der es um die Erfüllung unserer Seelenaufgabe oder unseres Seelenversprechens geht. Diese unbewußte oder auf einer Seelenebene stattfindende Angelegenheit läßt uns „das große Zittern kriegen“.

Penis

Der Penis ist das männliche Organ für die körperliche Vereinigung und die Entleerung der Harnblase. Er ist ein Spiegel für Angelegenheiten, die mit Männlichkeit, Loslassen, Geben, Sex und Sexualität zu tun haben. Bei Problemen mit dem Penis geht es um ein Dilemma im Bereich Geben im Gegensatz zu Nehmen, Loslassen im Gegensatz zu Festhalten, im Leben vortreten im Gegensatz zu Angst, Liebe und Teilen im Gegensatz dazu, andere zu besitzen.

Prämenstruelle Spannung oder prämenstruelles Syndrom (PMS)

Das PMS tritt mehrere Tage vor dem Einsetzen der Menstruation auf. Seine Symptome sind Reizbarkeit, emotionale Spannung, Ängstlichkeit und Launenhaftigkeit. Es spiegelt einen größeren Konflikt zwischen Abhängigkeit und Unabhängigkeit wider. Wir haben ein Bedürfnis nach Hilfe, Beistand und Fürsorge, und im Gegensatz dazu steht eine Abwehrhaltung von Trennung und das Bedürfnis, uns loszureißen oder die Dominanz aufrechtzuerhalten. Wir fühlen uns empfindlich und verletzlich und haben Angst, wieder verletzt zu werden. Es gibt Angst vor Intimität und Sexualität, verbunden mit Zorn über unsere Bedürfnisse und möglicherweise über unsere Lebenssituation. Wegen unseres Mangels an Vertrauen und Kommunikation in bezug auf unsere Gefühle der Verwirrung und Zwiespältigkeit versuchen wir, andere zu kontrollieren. Alte Herzensbrüche hindern uns daran, bereitwillig mit anderen zu kommunizieren und uns mit ihnen zu verbinden, und es mangelt uns an der Zuversicht, den nächsten Schritt zu tun. Wir haben Zuflucht zu emotionaler Schikane und Erpressung genommen, weil wir uns mißverstanden, ungeduldig und intolerant fühlen. Wir können das Gefühl haben, daß das Leben, die Männer oder andere uns etwas schulden. Verbunden damit bringen wir wenig Geduld für uns selbst auf.

Prostata

Die Prostata sondert eine Flüssigkeit ab, die zu einem Teil der Samenflüssigkeit wird, und sie steht für Angelegenheiten, bei denen es um Sexualität und Männlichkeit geht. Probleme mit der Prostata deuten auf eine Ebene sexueller Schuld und auf eine Unterbrechung des natürlichen Flusses im Hinblick auf Kreativität und emotionale Prozesse hin.

Prostataerkrankungen

Die Funktion der Prostata besteht darin, die Flüssigkeit abzusondern, die zu einem Teil der Samenflüssigkeit wird. Sie umgibt den Ausgang der Harnblase und die Harnröhre. Prostataerkrankungen haben eine ganze Reihe von Ursachen, und zumeist handelt es sich um Entzündungen der Prostata. Diese Krankheit bedeutet in der Regel, daß wir Sex als Götzenbild benutzt haben, und wir haben alte Gefühle von Angst, Schuld und Scham im Hinblick auf Sex oder unsere Phantasievorstellungen davon. Es ist möglich, daß wir uns unterbewußt wegen unserer Promiskuität verurteilen, und es kann auch sein, daß wir in einem Konflikt stehen, bei dem es darum geht, unsere Sexualität zum Ausdruck zu bringen. Wir haben unseren kreativen, emotionalen und sexuellen Fluß blockiert und fühlen uns so auch in spiritueller Hinsicht blockiert.

Rechte Seite des Körpers

Die rechte Seite ist die männliche Seite unseres Körpers. Sie betrifft unsere berufliche oder geschäftliche Laufbahn. Sie ist der Teil von uns, der Dinge ins Rollen bringt – die Seite des Körpers, die „tut“. Außerdem betrifft die rechte Seite den Vater.

Rheumatische Arthritis

Die rheumatische Arthritis ist eine Form von Arthritis, bei der die Oberflächen zweier Knochen vollständig miteinander verschmelzen, wodurch das Gelenk unbeweglich und steif wird. Wenn wir an dieser Krankheit leiden, heißt das, daß wir in Rollen gefangen und auf emotionale und psychologische Weise mit anderen verschmolzen sind, was es für uns unmöglich macht, uns zu bewegen. Es ist die Angst vor Veränderung, die uns bewegungsunfähig gemacht hat.

Rippen

Die Rippen stützen den zentralen Bereich unseres Körpers. Probleme auf der linken Seite deuten an, daß wir glauben, daß es uns in einer wesentlichen Angelegenheit an Unterstützung mangelt, die unsere Beziehung oder unsere Mutter betrifft. Probleme auf der rechten Seite deuten darauf hin, daß wir einen Mangel an Unterstützung in einer Angelegenheit erfahren haben, die eine wesentliche geschäftliche Angelegenheit oder die Energie unseres Vaters betrifft.

Rücken

Der Rücken ist der hintere Bereich des Rumpfes, der vom Hals bis zum Becken reicht. Der Rücken zeugt von allem, was hinter uns liegt. Er steht für die Vergangenheit, durch die hindurch wir vorwärts gegangen sind. Rückenprobleme sind ein Zeichen dafür, daß wir „den Rückwärtsgang einlegen“, weil wir keinen Rückhalt und keine Unterstützung erfahren. Aus Zurückhaltung, Zweifel oder Angst versuchen wir, rückwärts zu gehen. Rückenprobleme bedeuten, daß Zorn sich in uns staut[35], daß wir es jemandem durch Vergeltung heimzahlen wollen[36] oder daß wir das Gefühl haben, durch überwältigende Aufopferung würden wir alle Last auf unserem Rücken tragen. Ernste Rückenprobleme spiegeln normalerweise Angelegenheiten auf einer unbewußten Ebene wider. Wegen Gefühlen von Angst und Unwürdigkeit halten wir uns selbst zurück.

Rückenschmerzen

Rückenschmerzen sind ein Zeichen dafür, daß wir gestaute Gefühle oder einen Rest von Groll hinsichtlich einer Sache hegen. Wir haben Angst weiterzugehen und stehen mit dem Rücken an der Wand. Dies

---

35 Anm. der Übersetzerin: Im Original heißt es: „We are *backed up* with anger.“ *Back* ist der „Rücken“, und *to back up* bedeutet unter anderem „verstopfen“ oder „sich stauen“.

36 Anm. der Übersetzerin: Im Original heißt es: *„to get back at someone“* (*back* = Rücken).

ist ein Rückzug, der darauf hindeutet, daß wir uns selbst zurückhalten. Es gibt auch ein Element der Vergeltung, durch das wir jemandem etwas heimzahlen wollen. Wir fühlen uns überlastet, und auch wenn wir weitergehen, haben wir trotzdem das Gefühl, daß wir andere oder die Situation auf unserem Rücken tragen müssen. Wir befinden uns in einem Zustand der Aufopferung, in dem wir geben, aber nicht empfangen, und in dem wir uns selbst nicht geben. Wenn unser Rücken gebrochen ist, befinden wir uns in einem Zustand vollständiger und überwältigender Aufopferung, in dem wir uns hilflos und kraftlos fühlen (siehe auch Rücken).

Schienbeine

Das Schienbein ist der Teil des Beins, der zwischen Knie und Knöchel liegt. Es wird vom Schienbeinknochen gebildet. Bei den Schienbeinen geht es um Angelegenheiten von Zurückweisung und Machtkampf und das, was sich uns im Leben entgegenstellt. Probleme mit den Schienbeinen deuten an, daß wir einen „Tritt vor das Schienbein" bekommen haben, daß wir verletzt wurden oder etwas nicht akzeptieren können. Wir sind vorübergehend zurückgewichen, und nun geht es darum, im Leben vorzutreten und zu leuchten[37]. Ist unser rechtes Schienbein betroffen, geht es in der Angelegenheit um unseren Beruf oder unser Geschäft. Ist das linke Schienbein betroffen, geht es bei der Angelegenheit um unsere Beziehung.

Schilddrüse

Die Schilddrüse hat ihren Sitz im Hals, und ihre Aufgabe besteht in der Regulierung des Hormonhaushalts im Körper. Bei der Schilddrüse geht es darum, daß wir unseren Platz als „der König" einnehmen, daß wir vortreten und das tun, wozu wir in unserem Leben aufgerufen sind, daß man uns dient, so daß wir selbst in größerem Maße dienen können. Probleme in diesem Bereich deuten auf Angst vor unserer Lebensaufgabe hin, davor, unser Versprechen hier auf der Erde zu erfüllen. Dem liegt die Überzeugung zugrunde, daß wir unwürdig sind.

---

37 Anm. der Übersetzerin: Vergleiche *the shin* (das Schienbein) und *to shine* (scheinen oder leuchten).

Schilddrüsenüberfunktion (Hyperthyreose)

Hyperthyreose ist eine überaktive Schilddrüse, die durch einen erhöhten Stoffwechsel und intensive Emotionen gekennzeichnet ist. Wenn wir dieses Leiden haben, bedeutet das, daß wir uns selbst ausschließen oder unseren Platz in der Mitte unseres Lebens nicht einnehmen. Wir sind in einem Zustand der Kompensation, treiben uns selbst an und weigern uns, unseren wahren Platz in unserem eigenen Leben einzunehmen. Wir sind in Verschmelzung, Aufopferung, Geschäftigkeit und Faulheit gefangen, und wir verbergen Gefühle von Schuld und Wertlosigkeit. Diese Gefühle rühren ursprünglich von unserer Unfähigkeit her, unsere Familie zu retten, wobei ein großer Teil dieser Gefühle vergraben ist. Wir sind aus dem Gleichgewicht geraten und haben den natürlichen Fluß der Dinge verloren. In einer fehlgeleiteten Strategie, die uns unser Gleichgewicht zurückbringen soll, stecken wir fest in einem Versuch, die Kontrolle zu erlangen. Wir leisten dem Archetypus des „Königs“ in uns Widerstand. Er würde uns die Autorität, die Beherrschung und den Wert verleihen, die uns in die Mitte unseres Lebens zurückbringen würden, wo wir das größtmögliche Gute für uns selbst und für andere tun könnten.

Schilddrüsenunterfunktion (Hypothyreose)

Hypothyreose ist eine unzureichende Aktivität der Schilddrüse, die zeigt, daß wir uns wegen verlorener Verbundenheit in einem Zustand des Rückzugs befinden. Wir haben ein Trauma erlebt, und das hat dazu geführt, daß das Selbst oder die Aspekte unseres Selbst, die wir benutzt haben, um unsere ganze Persönlichkeit zu bündeln, gestorben und in uns begraben sind.

Schizophrenie

Schizophrenie ist durch Rückzug und zuweilen irreführendes Verhalten gekennzeichnet. Das Wort stammt aus dem Griechischen und bedeutet gespaltener Geist. Unsere Identität und unsere wichtigsten Selbstkonzepte haben einen Bruch erlitten. Wir befinden uns in einem Konflikt, der so groß ist, daß er die natürliche Einheit des Geistes zerstört hat. Es gibt etwas Herzzerbrechendes, das zu akzeptieren wir uns fürchten und das uns davon abhält weiterzugehen.

Schläfen

Die Schläfen sind die Bereiche des Kopfes, die beiderseits vor dem Ohr und oberhalb des Jochbeins liegen. Sie stehen symbolisch für unser Denkvermögen und für das, was wir anbieten oder geben wollen. Sie sind der Teil, der die eigentliche Mitte von uns selbst und unserer Kreativität repräsentiert. Probleme in diesem Bereich weisen auf Fehlschöpfungen hin, weil wir Angst haben oder uns gehen lassen, weil wir zu nehmen versuchen, oder weil wir auf etwas aus sind, das wertlos ist.

Schlafstörungen

Schlafstörungen sind die Unfähigkeit, einzuschlafen oder während der ganzen Nacht durchzuschlafen. Sie deuten darauf hin, daß wir einen übermäßig aktiven Geist haben. Wir versuchen, es selbst zu tun, statt Gnade zuzulassen. Wir haben ein Problem damit, Informationen zu sortieren, Prioritäten zu setzen, zu bündeln und loszulassen. Wir sind von einer Sache oder möglicherweise von einer Angst vor unseren Träumen besessen. Es kann spirituelle, emotionale und intellektuelle Ruhelosigkeit oder Ungeduld geben. Möglicherweise treiben wir uns an, weil wir versuchen, in einem Bereich zu helfen, in dem unsere Hilfe gar nicht gefordert ist. Es kann auch Widerstand gegen die innere Führung geben.

Schlaganfall

Ein Schlaganfall tritt ein, wenn im Gehirn ein Blutgefäß platzt. Dies spiegelt Orte wider, an denen wir auf eine emotionale oder andere Weise so großen Streß spüren, daß wir, metaphorisch ausgedrückt, das Gefühl haben, daß wir nicht weitergehen können. Wir spüren den Schnitt oder Stich einer tiefen Verletzung. Wir haben einen zerbrochenen Traum, eine immense Enttäuschung oder eine Vorstellung, die wir nicht akzeptieren können. Mit unserem inneren Druck haben wir „eine Dichtung gesprengt". Wir nehmen wie im Sprichwort unseren Ball und gehen heim, weil wir nicht mehr spielen wollen.

Schlechte Durchblutung

Unsere schlechte Durchblutung rührt von dem Gefühl her, daß ein Elternteil oder beide uns nicht genug geliebt haben. Das verbirgt unsere Probleme im Hinblick darauf, daß wir uns selbst nicht lieben, und wir fühlen uns körperlich kalt. Wir haben das Gefühl, daß es für das Leben, das wir leben wollen, nicht genug Freiheit oder Raum gibt. Wir haben Erfahrungen und Gefühle unterdrückt und sind daher von Bewußtheit und von unserem eigenen Selbst abgeschnitten.

Schlüsselbein

Das Schlüsselbein hat die Form des Buchstaben „F“ und ist gelenkig mit Brustbein und Schulterblatt verbunden. Unsere Schlüsselbeine stehen für unsere Stabilität und wahre Verbindung. Probleme mit dem rechten Schlüsselbein deuten darauf hin, daß wir das Gefühl haben, in geschäftlicher Hinsicht jemanden „beim Kragen gepackt“ zu haben oder von jemandem beim Kragen gepackt (angegriffen und abrupt gefangen) worden zu sein. Probleme mit unserem linken Schlüsselbein bedeuten, daß wir in Beziehungen jemand anderen beim Kragen gepackt haben oder von jemand anderem beim Kragen gepackt worden sind.

Schulter

Dort, wo die Arme aus dem Rumpf austreten, verbinden die Schultern das Schulterblatt mit dem Schlüsselbein. Die Schultern symbolisieren Angelegenheiten, bei denen es um das Tragen geht. Probleme mit den Schultern bedeuten, daß wir etwas tragen, das emotional zu groß ist oder zu schwer auf unseren Schultern lastet. Wir schultern etwas und haben das Gefühl, daß wir uns aufopfern. Wir versuchen, alles selbst zu tun und es „auf unseren Schultern zu tragen“, statt es durch Gnade geschehen zu lassen. Wenn das Problem unsere rechte Schulter betrifft, tragen wir etwas, das mit unserem Beruf oder Geschäft zusammenhängt. Wenn das Problem unsere linke Schulter betrifft, tragen wir etwas oder jemanden in einer Beziehung.

Schulterblatt

Probleme mit den Schulterblättern deuten an, daß wir eine Rolle ausleben, statt wirklich einfühlsam zu sein. Das ist ein Hinweis darauf, daß wir ein Problem haben, zur Wahrheit in Geschäft oder Beziehungen zu gelangen.

Schuppenflechte (Psoriasis)

Psoriasis ist in der Regel ein chronisches Problem, das zumeist auf Kopfhaut, Knien, Ellbogen, Rücken, Brust und Pobacken in Form einer wiederkehrenden Dermatitis mit leuchtend roter Haut auftritt. Diese Krankheit deutet darauf hin, daß wir im Hinblick auf einen oder mehrere Menschen Irritation und Ärger unterdrückt haben, und das kann zu einer Hypersensibilität führen. Psoriasis rührt von unserer falschen Wahrnehmung her, die uns dazu bringt zu reagieren, statt auf andere einzugehen und ihnen zu helfen. Wir verspüren einen Wunsch nach Frieden, aber wir haben unsere Emotionen unterdrückt, statt mit ihnen umzugehen, und das vermittelt uns das Gefühl, daß wir uns aufopfern, damit die Dinge besser werden. Dies kann von einer Überlastung durch alte, aber in der Gegenwart auftretende Emotionen und Konflikte in unserer Familie herrühren. Wir schlucken vergangene oder gegenwärtige Disharmonie hinunter und versuchen die Dinge besser zu machen, auch wenn es auf unsere persönlichen Kosten geschieht. Das gilt ganz besonders für die Konflikte, bei denen das Weibliche zum Sündenbock gemacht wird: Mutter, Schwester oder eine Partnerin. Dieses emotionale Problem und dermatologische Symptom kann auch ein Ahnenproblem sein.

Schweiß (übermäßiges Schwitzen)

Schweiß wird von Drüsen in der Haut abgesondert, und seine Aufgabe besteht darin, die Haut zu kühlen und Abfallstoffe des Körpers auszuscheiden. Wir befinden uns in einem Zustand übermäßiger Sorge oder Befangenheit. Wir haben das Gefühl, daß auf unseren Schultern ein zu großer Druck lastet. Wir erfahren große Mengen an Gefühlen und können nicht alle verarbeiten. Wir sind nervös und „schwitzen es aus“[38].

Schweißige Füße

Wenn unsere Füße übermäßig stark schwitzen, haben wir Angst vor der Zukunft und Angst vorzutreten. Wir haben Angst, weil wir nicht

38 Anm. der Übersetzerin: Dies ist die wörtliche Übersetzung der vom Verfasser benutzten englischen Redewendung *„we sweat it out“*. Im übertragenen Sinn würde man diese Redewendung übersetzen mit: „Wir halten durch.“

sicher sind, daß wir damit umgehen können. Möglicherweise ist die Angst auf Emotionen zurückzuführen, die aus tieferen Bereichen des Geistes einsickern.

Schweißige Hände

Schweißige Handflächen spiegeln die Angst wider, die wir vor der Zukunft haben, weil wir nicht sicher sind, daß wir sie auch bewältigen werden. Wir zweifeln an uns selbst, und das macht uns Angst. Es ist möglich, daß wir Angst spüren, während wir uns mit bewußten, unterbewußten und unbewußten Angelegenheiten auseinandersetzen.

Soor (Pilzinfektion der Mundhöhle)

Soor ist eine Geschwürbildung in der Mundschleimhaut. Er steht für Probleme mit dem Empfangen oder für eine unausgesprochene Klage. Der Groll, den wir im Hinblick auf das Ausmaß an Fürsorge hegen, das uns zuteil wird, entspricht den Werturteilen, die wir im Hinblick auf uns selbst und andere gefällt haben. Wir versuchen, einen Angriff in der Kommunikation zurückzuhalten.

Speicheldrüsen

Die Speicheldrüsen der Mundhöhle sind für die Absonderungen verantwortlich, die den Speichel bilden, der wiederum zur Verdauung beiträgt. Metaphorisch gesehen, geht es bei der Verdauung darum, den sich entfaltenden Prozeß des Lebens zu verstehen und zu assimilieren. Bei Problemen mit den Speicheldrüsen und der Verdauung geht es um einen Ort, an dem wir in unserem Prozeß feststecken. Der Grund für unsere falsche Wahrnehmung ist das Resultat eines Werturteils anstelle von mitfühlendem Verstehen. Möglicherweise gibt es sogar Schuld, weil wir Gefühle von Verachtung hegen, und wir zügeln uns selbst, um nicht auf eine bestimmte Sache zu spucken.

Sternum (Brustbein)

Das Sternum ist der flache Knochen in der Mitte der Brust, und seine Aufgabe besteht darin, das Herz zu schützen. Das Sternum schützt unser Herz und bietet so eines der Fundamente für unsere Rollen. Probleme in diesem Bereich deuten darauf hin, daß wir das Bedürfnis spüren, uns selbst schützen zu müssen, bis hin zu einer Abwehrhaltung. Dies weist darauf hin, daß wir uns in unserem innersten Herzen verwundbar fühlen.

Stirn

Die Stirn steht für Angelegenheiten, bei denen es darum geht voranzukommen, und es geht um das, was sich in unserem Leben zeigt. Eine vorstehende Stirn ist ein Zeichen von Intellekt. Probleme in diesem Bereich stehen für Angst und Widerstand im Hinblick auf unsere Zukunft und das, was vor uns liegt. Wir rennen lieber mit dem Kopf gegen etwas an, statt den Weg hindurch zu finden.

Sucht

Sucht ist eine physiologische und psychologische Abhängigkeit von einer bestimmten Substanz. Sucht ist das Ausleben einer extremen Form von Bedürfnissen, verbunden mit der Überzeugung, daß etwas außerhalb unserer selbst uns Erleichterung bringen wird. Dies kann nur zu einer tiefgreifenden Enttäuschung führen. Unsere Überzeugung basiert auf Gefühlen der Unzulänglichkeit und des Nichtgeliebtseins. Wir glauben, daß das, was wir benutzen und wonach wir süchtig sind, uns das bringen wird, was uns fehlt, nämlich die Vervollständigung des Selbst.

Sucht rührt von einer Geschichte der Bedürftigkeit her, von einem Drehbuch, in dem es darum geht, daß wir nie genug Liebe und Fürsorge erhalten haben, und das wir nun als Ausrede benutzen, um zu nehmen. Sucht kann aus einem entscheidenden Verlust von Verbundenheit und der daraus folgenden Trennung und Entfremdung entstehen. Die Sucht verdeckt eine Angst vor Führerschaft und die Vermeidung eines ganz speziellen Hilfeprojekts, das uns die Erfüllung bringen würde, die wir brauchen. Ultimativ wird Sucht benutzt, um unsere Lebensaufgabe zu leugnen, weil das Gefühl, daß wir nichts vollbringen, so groß ist.

Neben verlorener Verbundenheit und unerfüllten Bedürfnissen reflektiert Sucht einen unerlösten Herzensbruch, zerbrochene Träume und eine Abwendung vom Leben. Die Dynamiken, die normalerweise allen Süchten zugrunde liegen, sind großes Bedürfnis, verlorene Verbundenheit und eine Überzeugung, daß etwas außerhalb unserer selbst uns retten kann. Außerdem gibt es die Dynamiken von Sich-gehen-Lassen, Trennung, Aufopferung und Selbstangriff, und es gibt die Teufelskreise, die mit Manipulation/ Unwürdigkeit beginnen, dann zu Nehmen/Bekommen weitergehen und schließlich zu Leere/größerem Hunger führen, ehe der Zyklus wieder von neuem beginnt.

Taubheit

Taubheit ist das völlige oder teilweise Fehlen des Hörvermögens. Sie weist auf etwas hin, das wir nicht hören wollen, entweder in bezug auf Beziehungen (linkes Ohr) oder in bezug auf unsere berufliche Laufbahn (rechtes Ohr). Wir haben Angst vor unserer Aufgabe, und es gibt etwas, das wir nicht lernen wollen. Es gibt einen Bereich, in dem wir uns selbst abgeschnitten haben und in dem wir zögern, uns dem Tanz des Lebens anzuschließen. Weil wir die Dinge auf unsere Weise tun wollen, wollen wir etwas, das andere oder unsere innere Stimme uns sagen wollen, nicht hören. Taubheit bedeutet, daß es in uns ein bestimmtes Maß an Sturheit und Unwilligkeit gibt, zuzuhören und zu kommunizieren.

Thrombophlebitis (Venenentzündung oder Thrombose)

Thrombophlebitis ist eine Entzündung und Blutgerinnselbildung in unseren Venen, die bedeutet, daß wir uns im Fluß unseres Lebens blockiert fühlen. Die Ursache für die Blockade kann in einem emotionalen Bluterguß liegen, aber auch in unerlöstem Zorn darüber, daß wir nicht als etwas Besonderes behandelt werden. Sie kann eine Form von Selbstangriff sein, weil wir glauben, daß wir unsere Familie oder ihre Mitglieder nicht gerettet haben.

Tinnitus

Ein Tinnitus ist ein Hörleiden, das mit einem Klingeln oder Summen im Ohr einhergeht. Es weist uns metaphorisch darauf hin, daß wir aufgerufen sind, auf eine Botschaft, Führung oder Intuition zu hören, die wir bislang unterdrückt haben. Wir sind in unserer Angst vor dem nächsten Schritt gefangen und lenken uns mit Unwesentlichem ab, so daß wir uns nicht mit dem auseinandersetzen, was wirklich von Bedeutung ist. Wir haben Angst vor unserem Selbst, unserer Aufgabe und unserer Macht.

Tremor (Zittern)

Ein Tremor ist eine zitternde und unwillkürliche Bewegung, die von den abwechselnden Kontraktionen entgegengesetzter Muskeln herrührt. Ein Tremor ist ein kleines Beben, ein Erdbeben der Angst, das manchmal durch Streß oder unterdrückte Emotionen hervorgerufen wird. Wir haben das Gefühl von Zerrissenheit und Widerstand. Unsere Emotionen entziehen sich unserer Unterdrückung und Kontrolle.

Trockene Augen

Trockene Augen entstehen, wenn die Augen nicht mehr auf natürliche Weise mit Flüssigkeit benetzt werden. Das Symptom trockener Augen hat etwas damit zu tun, daß wir unsere Gefühle unterdrücken. Wir haben uns von etwas losgesagt und zeigen der Welt nach außen hin eine stoische Haltung.

Trockene Haut

Trockene Haut entsteht, wenn die essentiellen Öle fehlen, die auf natürliche Weise in den tieferen Hautschichten gebildet werden. Trockene Haut ist mit der Eidechsenhaut verwandt. Wir haben eine Sache emotional nicht überwunden, und so werden unsere natürlichen Hautöle in unserem Inneren eingeschlossen und unterdrückt. Wir scheuern uns am Leben wund, oder Aufopferung führt in unserem Leben zu einem übermäßig großen Verschleiß.

Unfruchtbarkeit

Unfruchtbarkeit ist die Unfähigkeit, Kinder zu empfangen und auszutragen. Wir sind unwillig, auf einer neuen Ebene zu gebären, und wir haben ungelöste Angelegenheiten aus der Kindheit, die sich möglicherweise nichtsahnend in unsere jetzige Beziehung einmischen. Es herrscht ein Gefühl von Verlust, sowohl allgemein als auch in kreativer Hinsicht. Unfruchtbarkeit kann auch ein Zeichen für ungelöste Ahnenprobleme sein, die durch die Familie weitergegeben wurden und in einem traumatischen Kindheitserlebnis nachvollzogen werden, was einen Bereich von verlorener Verbundenheit anzeigt.

Vagina

Die Vagina ist ein muskulöser Schlauch und bildet den Durchgang zwischen den äußeren Geschlechtsorganen und dem Gebärmutterhals. Sie steht für Empfangen, Sexualität, das Weibliche, Fruchtbarkeit und Kreativität. Metaphorisch betrachtet, weisen Probleme mit der Vagina auf Probleme in den Bereichen Empfangen und/oder Weiblichkeit und Sexualität hin.

Vagina (Infektion)

Eine Hefeinfektion ist ein Pilz, der sich rasch in der Vagina vermehrt, und sie ist ein metaphorisches Zeichen dafür, daß wir im Hinblick auf Sexualität Scham und Schuld empfinden und versuchen, uns selbst zu zügeln. Es ist möglich, daß wir zumindest unterbewußt das Gefühl haben, unser Wunsch nach Sex sei zu stark oder unsere sexuelle Keckheit zu derb. Hefeinfektionen können auch eine Abwehr gegen Sex sein. Die Infektion spiegelt den schmerzlichen Konflikt zwischen sexuellem Ausdruck und sexueller Verdrängung wider.

Vagina (Juckreiz)

Vaginaler Juckreiz ist eine Irritation der Vagina und des sie umgebenden Bereiches, der die Unterdrückung unserer Sexualität und Angst vor unseren sexuellen Phantasien widerspiegelt. Es „juckt uns" danach, sexuell frei, ja sogar wild zu sein, während wir uns gleichzeitig zügeln.

Venen

Unsere Venen befördern sauerstoffarmes Blut zum Herzen zurück, damit es wieder mit Sauerstoff angereichert werden kann. Probleme mit diesen Blutgefäßen weisen auf Angelegenheiten hin, die etwas mit

Loslassen und Befreiung zu tun haben. Ein neuer Beginn und eine neue Stufe sind möglich. Es kann sich um ein Problem mit unserem Ruhezyklus handeln, bei dem es darum geht, daß wir uns eine passive und integrative Ruhe oder Belohnung zugestehen, nachdem wir unsere Arbeit oder unsere Projekte vollendet haben.

Verbrennungen

Verbrennungen sind Verletzungen des Gewebes, die daher rühren, daß das Gewebe chemischen oder thermischen Substanzen ausgesetzt ist. Verbrennungen deuten auf einen unerlösten Zorn gegen uns selbst und andere hin. Häufig rührt eine Verbrennung von aggressiven Gefühlen her, die so stark werden, daß wir uns daran verbrennen. Die Substanz, an der wir uns verbrennen, steht für unseren Zorn, von dem wir uns immer noch distanzieren.

Verdauungsstörungen

Verdauungsstörungen sind eine unzureichende Verdauungstätigkeit, die zu Blähungen, Sodbrennen und einem übersäuerten Magen führt. Verdauungsstörungen deuten an, daß es etwas gibt, daß wir nicht verdauen oder vertragen können. Wir widersetzen uns oder sind nicht bereit, bestimmte Angelegenheiten oder Situationen zu integrieren oder zu assimilieren. Es gibt einen Aspekt von Aufopferung, unter dem wir uns selbst unter Druck setzen und antreiben. Wir sind in einem Teufelskreis aus Zügellosigkeit und Aufopferung gefangen und haben das Gefühl, in unserem Leben in einer Tretmühle zu sein.

Vergiftung

Eine Vergiftung tritt ein, wenn eine toxische Substanz, ganz gleich welcher Art, in den Körper eindringt. Dies ist ein Schatten, eine Überzeugung, die uns irrigerweise glauben läßt, daß wir für die Menschen, die uns nahestehen, giftig sind. Um dies zu verhindern, vergiften wir uns selbst. Diese Schatten- und Selbstkonzepte werden zurückgewiesen, verborgen und dann nach außen hin auf giftige Substanzen projiziert, die in den Körper eindringen. Wir sind der Überzeugung, daß wir helfen, indem wir das Gift nehmen, um so die Menschen, die um uns sind, nicht zu vergiften. Möglicherweise erfahren wir eine toxische Person oder Situation oder haben das Gefühl, eine diesbezügliche Erfahrung aus der Vergangenheit nicht überwunden zu haben. Die unterbewußte Schicht verbirgt eine unbewußte Schicht, auf der wir glauben, wir seien giftig. Diese Angelegenheiten finden auf einer unterbewußten oder unbewußten Ebene statt und werden zumeist verdrängt.

Verstauchungen/Zerrungen

Verstauchungen oder Zerrungen sind gerissene oder überdehnte Bänder im Bereich der Gelenke. Das deutet darauf hin, daß wir uns von dem, was wir erreichen müssen, völlig verausgabt oder überwältigt fühlen (siehe auch Diagramm der Körperteile).

Verstopfte Nase / Sinusitis (Nasennebenhöhlenentzündung)

Bei einer verstopften Nase oder Sinusitis ist die Schleimhaut der Nasennebenhöhlen entzündet. Dies reflektiert einen emotionalen Stau, eine emotionale Verstopfung nicht verarbeiteter Gefühle. Wir haben bestimmte Emotionen durch Leugnung und Trennung verborgen. Sinusitis ist eine gegenwärtige Traurigkeit, die durch eine ältere chronische Traurigkeit oder einen älteren Verlust ausgelöst wird.

Verstopfung

Verstopfung ist das Resultat eines problematischen Stuhlgangs, der auf die Passage von hartem und trockenem Kot und eine schleppende Darmtätigkeit zurückzuführen ist. Verstopfung zeigt uns, daß wir an der Vergangenheit festhalten. Wir halten an unserer „Scheiße" (emotionalem Geröll) fest und befinden uns hinsichtlich der Notwendigkeit, etwas loszulassen, und unserer Weigerung, dies zu tun, in einem Konflikt.

Waden

Die Waden sind die Muskeln des hinteren unteren Beins. Sie stehen für den Teil von uns, der in unserem Leben zu einem Neubeginn oder einer neuen Geburt führen kann. Probleme mit unseren Waden deuten darauf hin, daß wir uns dem Weg nach vorn oder einem Sprung hin zu dieser neuen Geburt widersetzen. Wenn das Problem in unserer rechten Wade liegt, dann leisten wir einem Neubeginn in unserer beruflichen oder geschäftlichen Laufbahn Widerstand. Liegt das Problem in der linken Wade, leisten wir einem Neubeginn im Hinblick auf Beziehungen Widerstand.

Wangen

Die Wangen bilden die Wände des Mundes und liegen unter den Augen. Sie stehen dafür, daß wir den Dingen in unserem Leben offen oder kühn entgegentreten. Wenn wir Probleme mit unseren Wangen haben, heißt das, daß wir das Gefühl haben, das Gesicht verloren zu haben. In schwächerem Ausmaß kann es auch bedeuten, daß wir uns selbst angreifen, weil wir glauben, zu frech[39] oder impertinent zu sein.

Warzen

Warzen sind kleine, durch Viren hervorgerufene Geschwülste in der Haut. Sie bringen eine Abwehrhaltung gegen unbewußte Energien zum Ausdruck. In uns haben wir Selbstangriff und zuweilen noch tiefere Schattenfiguren vergraben. Vielleicht haben wir Selbstkonzepte hinsichtlich unserer „Häßlichkeit" in einigen Aspekten unseres Lebens. Wahrscheinlich gibt es einen vergrabenen Widerstand gegen mediale oder visionäre Geschenke.

Weitsichtigkeit

Weitsichtigkeit heißt, daß wir Objekte, die weiter von uns entfernt sind, klarer sehen als Objekte, die nahe vor uns sind. Sie spiegelt eine Unfähigkeit wider, das zu sehen oder zu erkennen, was unmittelbar vor uns ist.

Wirbelsäule

Die Wirbelsäule unterstützt den Rücken und beherbergt das Rückenmark. Sie steht für unsere Stärke, unseren Mut, unsere Zentriertheit und Rechtschaffenheit. Probleme mit der Wirbelsäule deuten

---

39 Anm. der Übersetzerin: Hier spielt der Verfasser mit den Worten *cheek* = „Wange" und *cheeky* = „frech".

auf Gefühle der Schwäche und der Angst hin. Wir erfahren den Verlust unserer Mitte und unserer emotionalen Integrität und fühlen eine übergroße Belastung. Wir erliegen der Schwäche in einem Bereich, in dem wir in Wahrheit dazu aufgerufen sind, zentriert und stark zu sein.

Zähne

Die Zähne stehen für unseren Charakter und unsere Stärke. Sie stehen dafür, wie groß der Bissen ist, den wir im Leben bekommen, und für das Maß unserer Begeisterung und unseres Schwungs. Metaphorisch gesehen, stehen sie für unsere Fähigkeit, Dinge in Stücke zu zerkleinern, die leichter zu assimilieren und zu verstehen sind. Probleme mit den Zähnen können auf Zügellosigkeit, körperliche und emotionale Depressionen, Schwierigkeiten, „uns an etwas festzubeißen", und Angst hindeuten. Wir haben Angst vor einer bestimmten Erfahrung im Leben, oder wir haben in einem gewissen Maße die Fähigkeit verloren, Dinge in kleinere Stücke zu zerteilen, so daß wir besser mit ihnen umgehen können.

Zahnfleisch

Das Zahnfleisch ist das fleischige Gewebe, das die Fortsätze des Kiefers bedeckt. Es steht für die Vermittlung zwischen unserem Gefühl für unser Selbst und der Welt. Das Zahnfleisch verkörpert Zärtlichkeit, Süße, Verwundbarkeit und Intimität. Probleme mit dem Zahnfleisch deuten darauf hin, daß es ein Kommunikationsproblem zwischen uns und der Welt gibt. Wir fühlen uns verwundbar, wenn wir uns selbst einbringen oder der Welt geben. Dies ist ein vergrabenes negatives Drehbuch, das an uns frißt.

Zahnfleischerkrankungen

Zu den Zahnfleischerkrankungen gehören verschiedene Probleme, die das Zahnfleisch betreffen. Es gibt einen Verlust, von dem wir uns nicht erholt haben, und das läßt uns verwundbar, weh und empfindlich zurück. Wir haben Angst davor, unserer Zärtlichkeit zu erlauben, sich zu zeigen. In unserem Inneren fühlen wir uns von den emotionalen Schlägen oder den vielen Emotionen überwältigt, mit denen wir fertig werden müssen. Wir hatten nicht die Zeit, unsere Erfahrung, die zu Streß führt, zu verarbeiten und zu integrieren, und daher gibt es Gefühle, die wir zurückhalten, oft auch vor uns selbst.

Zehen – großer Zeh

Probleme mit den Zehen im allgemeinen sind das Resultat falscher Wahrnehmungen, die uns aus dem Gleichgewicht bringen. Unsere Zehen spiegeln Fähigkeiten wider, die wir mitgebracht haben, um uns im Leben zu helfen. Die großen Zehen zeigen an, wie wir im Geschäft des Lebens vorankommen, wonach wir im Leben suchen oder streben. Der rechte Zeh steht für Vater, Beruf und das Männliche. Der linke Zeh steht für Mutter, Beziehung und das Weibliche.

Zehen – zweiter Zeh

Unsere zweiten Zehen sind die Symbole für unsere reflexive Einstellung zum Leben. Probleme mit ihnen zeigen an, daß wir uns zurückziehen und unsere Macht zurückhalten, statt über das zu nachzudenken, was wahr ist. Mit dieser Macht können wir mißbrauchen oder das Gefühl haben, daß wir mißbraucht werden. Probleme mit dem rechten Zeh weisen auf Probleme in unserer beruflichen Laufbahn hin, die etwas mit unwahrer Macht zu tun haben. Probleme mit dem linken Zeh haben etwas mit unwahrer Macht in einer Beziehung zu tun.

Zehen – kleiner Zeh

Unsere kleinen Zehen können für Empfindsamkeit stehen. Probleme mit den kleinen Zehen können Probleme, Schwierigkeiten oder Überempfindsamkeit in Beziehung oder Beruf zeigen. Ist unser rechter kleiner Zeh betroffen, liegt das Problem im Bereich von Geschäft oder Beruf. Ist unser linker kleiner Zeh betroffen, liegt das Problem in unserer Beziehung.

Zehen – mittlerer Zeh

Bei unseren mittleren Zehen geht es um Fülle. Probleme mit unserem rechten mittleren Zeh bedeuten, daß wir in der Fülle und in unserem Geschäft oder Beruf blockiert sind. Probleme mit dem linken mittleren Zeh bedeuten, daß wir in der Fülle und in unserer Beziehung blockiert sind.

Zehen – vierter Zeh

Unsere vierten Zehen symbolisieren das, was in unserem Leben fehlt. Probleme mit dem rechten vierten Zeh reflektieren einen Mangel bei unserer Arbeit. Der linke vierte Zeh deutet auf einen Mangel in einer Beziehung hin.

Zellulitis

Zellulitis ist ein diffuser entzündlicher Prozeß im Gewebe. Sie spiegelt unsere Gefühle wider, daß wir durch Forderungen, Überarbeitung, Konflikte und unseren emotionalen Prozeß überwältigt, belagert und erschöpft sind. Wir fühlen uns durch eine von außen kommende Angelegenheit angegriffen, möglicherweise getäuscht oder „ausverkauft“. Von den Angelegenheiten, die anstehen, fühlen wir uns überwältigt und übermannt, aber wir kämpfen tapfer, auch wenn die Chancen gegen uns stehen. Zwar haben alle Krankheiten diese Dynamik, uns zu einem Objekt zu machen und uns auch als solches zu behandeln, aber bei Zellulitis kann dies eine größere Rolle spielen. Wir haben uns selbst als Körper identifiziert und uns unserem geistigen Erbe widersetzt.

Zervikalerkrankungen (Krebs/Dysplasie)

Positiver PAP-Test

Ein positiver PAP-Test ist die Bildung anomaler Zellen am Gebärmutterhals. Er deutet auf ein Problem hin, das wir mit unserem Vater haben. Krebsbefallene Zellen betreffen sexuelle Scham oder Schuld, ungelöste Angelegenheiten oder Zorn auf unseren Vater. Auf irgendeine Weise haben wir Angst vor dem nächsten Schritt in unserer Sexualität. Statt Liebe durch Geben und Empfangen zu teilen, herrschen im Hinblick auf Sex Mißverständnis und Verwirrung, bei denen es um Rollen und Aufopferung geht. Eine sexuelle Befangenheit und eine ungesunde Egozentrik arbeiten unserer Natürlichkeit entgegen.

Zunge

Die Aufgabe der Zunge besteht darin, die Nahrung im Mund zu bewegen, damit wir sie kauen können. Außerdem ist sie zuständig für Sprache und Geschmack. Die Zunge spiegelt Dinge wider, bei denen es um Kommunikation, Empfindsamkeit, Geschmack und Urteilskraft, Richtung und Interesse, Sexualität und Keckheit geht. Probleme mit der Zunge weisen darauf hin, daß wir etwas zurückhalten, das wir nicht sagen wollen. Wir „beißen uns auf die Zunge". Sie können auch ein Zeichen dafür sein, daß wir einer Sache gegenüberstehen, die etwas mit Verwundbarkeit oder Sex zu tun hat.

Zysten

Eine Zyste ist eine geschlossene Blase oder Kapsel, die darauf hindeutet, daß wir an einer alten Angelegenheit festhalten, indem wir sie und die ihr innewohnende Emotion einkapseln.

Zysten (Gebärmutter)

Gebärmutterzysten bestehen aus fibrösem, verkapseltem Bindegewebe. Die Größe dieser gutartigen Tumoren reicht von einigen Millimetern bis zur Größe der Bauchhöhle. Sie zeigen, daß wir in der Vergangenheit verwurzelt sind und einen Groll hegen, der unter einer tief vergrabenen Schicht von Schuld liegt. Wir wünschen uns eine Geburt, aber wir haben Angst, die Vergangenheit loszulassen und das zu geben, was gefordert ist, um einen Sprung nach vorn zu tun. Unser Wunsch nach einer Geburt geht nicht über den Wunsch hinaus, und die Zysten stehen für einen Widerstand gegen die wahre Geburt, dessen Ursache Angst ist. Zysten stehen für die Unwilligkeit und die Blockade, uns selbst zu nähren und zu gebären. Diese Blockade rührt von einem Ort her, an dem wir geben und nicht empfangen. Vielleicht sind wir in der bemutternden Rolle gefangen, uns um die ganze Familie zu kümmern. Wir benutzen die Rolle und unsere Familie als Ausrede, um nicht weiterzugehen und unser Leben in einer Weise zu leben, die sie am besten ermutigen und unterstützen würde.

Stichwortverzeichnis

Seminare mit Lency und Chuck Spezzano

Psychology of Vision-Seminare sind verdichtete Lebenserfahrung. Sie sind eine Gelegenheit, die vielen Facetten unserer Persönlichkeit zu erkunden und die praktischen Schritte zu erlernen, die uns von dort, wo wir jetzt sind, zum lebendige Ausdruck des vollen menschlichen Potentials führen. Jedes Seminar ist ein einzigartiges Erlebnis, eine Entdeckungsreise in die Welt des Bewußtsein.

An *Psychology of Vision*-Seminaren treffen sich Menschen jeden Alters, aus vielen Ländern, mit verschiedenstem beruflichen und persönlichem Hintergrund, alleinstehende Frauen und Männer (rund die Hälfte der Teilnehmer sind Männer), Paare, ja sogar ganze Familien. Was alle verbindet, ist die Bereitschaft, sich für Veränderungen zu öffnen, um mehr Lebendigkeit, mehr Erfolg, liebevollere Beziehungen in ihrem Leben zu verwirklichen.

Als Team und Ehepaar verbinden sich in Chuck und Lency Spezzano zwei außergewöhnliche Persönlichkeiten zu einer Intensität, die tiefgreifende Veränderungen in den Menschen auszulösen vermag, und zwar auf allen Ebenen menschlichen Seins: spirituell, psychisch-emtionell, körperlich.

Kontaktadresse für die Seminare:

Psychology of Vision
Deutschland, Schweiz und Österreich
Klarastraße 18 · D-60433 Frankfurt
Tel.: ++49 (0) 69 - 5309-5940
Fax: ++49 (0) 69 - 5309-5942
E-Mail: D-A-CH@psychologyofvision.com
www.psychologyofvision.com

Frankfurter Ring e.V.
Oeder Weg 43, D-60318 Frankfurt
Tel.: ++49 (0) 69 - 511555
Fax: ++49 (0) 69 - 512220
www.franfurter-ring.org

Weitere Bücher aus dem Verlag Via Nova:

Karten des Lebens

Lebensgeschichten erkennen und heilen

2. Auflage

Chuck Spezzano

100 künstlerisch gestaltete farbige Karten mit Begleitbuch, 224 Seiten
ISBN 978-3-86616-028-6

Die Drehbücher oder Geschichten, die unser Leben bestimmen, schreibt jeder Mensch selbst. Die Karten des Lebens – das neue Karten-Set des bekannten Lebenslehrers Chuck Spezzano – zeigen die Geschichten, die wir in unserem Leben erzählen, ganz gezielt auf. Es können fröhliche und kraftvolle, aber auch dunkle und zerstörerische Geschichten sein. Wir schreiben sie oft in Sekundenbruchteilen, tragen sie und ihre Folgen aber ein Leben lang mit uns. Negative Geschichten aus der Vergangenheit zu heilen und positive, lebensbejahende Geschichten zu stärken ist ein Herzensanliegen von Chuck Spezzano und ein Eckpfeiler seiner Arbeit. 100 wunderschöne, von der deutschen Künstlerin Petra Kühne einfühlsam gestaltete Karten sowie ein Begleitbuch, das die tiefere Bedeutung jeder einzelnen Karte erklärt und Beispiele für verschiedene Befragungsmöglichkeiten enthält, geben dem Leser ein ideales Werkzeug an die Hand, mit dessen Hilfe er seine Lebensmuster erkennen, negative und destruktive Muster heilen und dadurch zu mehr Glück und größerer Fülle im Leben gelangen kann.

Die tieferen Dimensionen des Erfolgs

Erfolgs-Serie Band 2

Chuck Spezzano

Hardcover, 280 Seiten
ISBN 978-3-86616-034-7

„Die tieferen Dimensionen des Erfolgs" ist der zweite Band und ein wichtiger Bestandteil der Reihe „Erfolg kommt von innen". Das Buch zeigt auf, dass die Erfahrung von Erfolg nicht nur ein äußeres Phänomen ist, sondern vielmehr im Herzen und im Bewusstsein stattfindet. Es untersucht noch eingehender und tiefgreifender, auf welche Weise das Herz und das Bewusstsein sich miteinander verbinden, um Erfolg herbeizuführen. Es enthält weitergehende Erfolgsprinzipien und offenbart weitere Fallen und mögliche Wege zu deren Lösung. Es zeigt den Weg auf, der mit Hilfe innerer Erfolgsprinzipien voranführt, und taucht zu diesem Zweck auch in die unterbewussten und unbewussten Bereiche des Bewusstseins ein, um das aufzulösen, was uns an der Zuversicht hindert, ein immer höheres Maß an Erfolg in allen Bereichen unseres Lebens haben zu können. Es enthält neue Geschichten, Beispiele, Prinzipien und Methoden.

50 Wege, die wahre Liebe zu finden

Wegweiser zu einer erfüllten Partnerschaft

Chuck Spezzano

5. Auflage

Hardcover, 208 Seiten
ISBN 978-3-936486-10-0

Dieses Buch richtet sich an diejenigen, die auf der Suche nach ihrem wahren Partner sind. Aber auch an all jene, die ihren Partner bereits gefunden haben und Unterstützung auf dem eigenen Beziehungsweg suchen. Der Autor macht deutlich, dass es nicht damit getan ist, den richtigen Partner zu finden, es bedarf auch des Wunsches, mit diesem Partner zusammen glücklich zu werden. „Wenn du deinen Partner gefunden hast, geht die Reise erst richtig los!", so Chuck Spezzano. Aufgrund der universalen Gültigkeit der vorgestellten Beziehungs-Prinzipien lassen sich diese auch auf andere Lebensbereiche übertragen. Ob der Leser einen neuen Arbeitsplatz oder Unterstützung beim nächsten Schritt in seinem Leben sucht oder ob er sich allgemein mehr Erfolg, Glück und Gesundheit wünscht – immer wieder kann er dieses Buch zur Hand nehmen.

50 Wege das Leben positiv zu gestalten

Wie Sie jedes Problem lösen und Ihr Leben verbessern können

4. Auflage

Chuck Spezzano

Paperback, 272 Seiten, ISBN 978-3-86616-067-5

Jeder von uns möchte ein glückliches, gesundes und erfolgreiches Leben führen, oder er sucht nach Wegen und Möglichkeiten, es positiv zu gestalten und zu verbessern. In diesen Buch finden Sie Heilungs- und Lebensprinzipien, die Ihnen helfen, diese Ziele zu verwirklichen. Wir erhalten alle Zugang zu der wertvollen Weisheit, die zahllosen Menschen auf der ganzen Welt einen Weg zur Lösung ihrer Probleme und zur Verbesserung des Lebens gewiesen hat. Das Buch ist ein wichtiger Ratgeber für alle, die eine Veränderung in ihrem Leben bewirken wollen. Es stellt fünfzig umfassende Möglichkeiten vor, um Lebensprobleme zu lösen und dann weiterzugehen. Folgen Sie den aufschlussreichen, praktischen Übungen und lernen Sie, wie Sie jede Schwierigkeit, die Ihnen im Weg steht, erfolgreich bewältigen, Ihren Geist transformieren und den Weg zu persönlicher Entwicklung entdecken können. Probleme enden niemals – das liegt in ihrer Natur, und mit jedem Problem, das wir bewältigen, kommen wir in unserer persönlichen Entwicklung einen Schritt voran. Dieses Buch möchte den Leser auf seinem Weg begleiten, ihm ein treuer Freund und Gefährte sein, der immer da ist, wenn man ihn braucht.

Wo Engel gehen auf leisen Sohlen

Wie Sie Beziehungen erfolgreich und harmonisch gestalten können

Chuck Spezzano

Hardcover, 304 Seiten, ISBN 978-3-86616-056-9

„Narren stürmen blind voran, wo Engel gehen auf leisen Sohlen.“ Unter diesen von dem britischen Schriftsteller Alexander Pope geprägten Satz stellt Chuck Spezzano sein neues Buch. Wieder einmal geht es um menschliche Beziehungen, und wieder einmal ist es dem weltbekannten Lehrer und Experten in der Kunst von Beziehungen hervorragend gelungen, seine neuesten Erkenntnisse auf unterhaltsame, spannende und zugleich unnachahmlich humorvolle Weise zu Papier zu bringen. In 101 abgeschlossenen Kapiteln zeigt er anhand zahlreicher „wahrer Begebenheiten“ aus seinem eigenen Leben und praktischer Beispiele aus den unzähligen Seminaren, die er seit vielen Jahren auf der ganzen Welt leitet, in welche Beziehungsfallen Menschen tappen und wie sie sich schnell und erfolgreich daraus lösen können, um ihre Beziehungen zu einem wahren „Kunstwerk“ zu gestalten. Der „neue Spezzano“ zeigt einmal mehr richtungweisende psychologische und spirituelle Wege auf, die uns zu glücklichen Beziehungen und damit auch zu einem glücklicheren Leben führen können.

Wie Sie herausfinden, wann Ihre Beziehung wirklich zu Ende ist und was Sie tun können, um sie zu retten

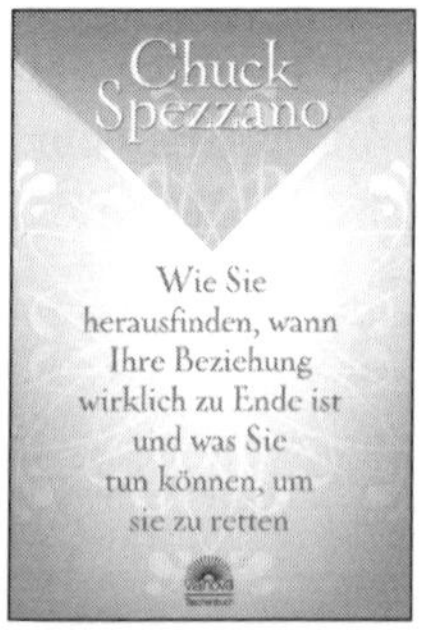

Chuck Spezzano

Taschenbuch, 168 Seiten, ISBN 978-3-86616-108-5

Heute sind (vor)schnelle Trennungen an der Tagesordnung, weil jeder glaubt, er könne beim nächsten Partner das Glück finden, das der gegenwärtige Partner ihm scheinbar nicht geben kann. Die Chance, in einer bestehenden Beziehung zu echter Partnerschaft zu gelangen, wird so oftmals voreilig und leichtfertig vergeben. Der erfahrene und weltweit bekannte Beziehungsexperte macht im vorliegenden Buch klar, was eine Beziehung zerstört und was sie zu stärken vermag. Er vermittelt Prinzipien der Heilung, die dazu beitragen können, eine Beziehung aus dem gefährlichen Fahrwasser einer drohenden Trennung herauszuführen, und er zeigt eine „narrensichere“ Methode auf, die es einem oder beiden Partnern ermöglicht, zweifelsfrei festzustellen, ob ihre Beziehung wirklich zu Ende ist oder nicht.

Was Männer von Frauen über Sexualität lernen können

Chuck Spezzano

Taschenbuch, 96 Seiten
ISBN 978-3-86616-107-8

„Alles, was ich über erfüllte Beziehungen weiß, habe ich von meiner Frau gelernt.“ Der Beziehungsexperte Chuck Spezzano zeigt in diesem Buch, dass zu einer erfüllten Sexualität weit mehr gehört als nur Sex. Männer denken und fühlen anders als Frauen, auch im Hinblick auf Sex, und das ist oft der Auslöser für Missverständnisse, Streitigkeiten und Gefühle des Unglücklichseins. In seiner lockeren und einmalig humorvollen Art gelingt es Chuck Spezzano wieder einmal, sowohl Männern als auch Frauen einen tiefen und vor allem befreienden und heilenden Zugang zu einem Bereich zu ermöglichen, der insbesondere in der heutigen Zeit von einem hohen Maß an Missdeutung, Verdrängung oder Übertreibung gekennzeichnet ist. Die klare Sprache des Autors nimmt den Leser mit und macht deutlich, dass es gar nicht so schwer ist, ein glückliches und vor allen Dingen erfülltes Sexualleben zu verwirklichen.

Wenn es verletzt, ist es keine Liebe

52 Beziehungskarten für jede Woche
mit Begleitbüchlein

Chuck Spezzano

ISBN 978-3-86616-057-6

Die Beziehungskarten können helfen, die wichtigsten Prinzipien und Lebensweisheiten über glückliche Beziehungen aus dem Bestseller „Wenn es verletzt, ist es keine Liebe“ so zu verinnerlichen, dass sie im Alltag als konkrete Lebenshilfe angewandt und verwirklicht werden können.
Es kann eine Karte intuitiv gezogen oder auch bewusst ausgewählt werden, auf der dann ein wichtiges Prinzip der Beziehungskunst steht, das einen eine ganze Woche lang begleiten kann.
Die Karte kann man sichtbar an einem Ort aufstellen, der ständig im Gesichtsfeld ist – Schreibtisch, Küchenschrank, Spiegel im Bad, so dass diese Beziehungsweisheit immer wieder bewusst wird, bis sie als Herzenserkenntnis zu Eigen geworden ist.

Wenn es verletzt, ist es keine Liebe

Die Essenz des Bestsellers
Hörbuch mit 3 CDs – gelesen von Werner Vogel

Chuck Spezzano

Hörbuch mit 3 CDs
ISBN 978-3-86616-066-8

Die Weisheit der Liebe, die der Verfasser des Bestsellers in jahrzehntelanger Forschungsarbeit als Psychotherapeut, als weltweit bekannter Seminarleiter, als visionärer Lebenslehrer und als Begründer der „Psychology of Vision“ entdeckt und in klare Weisungen umgesetzt hat, verwandelt den Menschen und berührt sein wahres Wesen, das Liebe ist. Die wichtigsten Aussagen des Buches sind in dem Hörbuch zusammengestellt. Durch die nach jedem Abschnitt angebotenen Übungen kann das theoretisch Erkannte auch in den praktischen Alltag umgesetzt werden, dann wird das Hörbuch zu einem Wegbegleiter und Ratgeber in bedrängenden Beziehungsnöten. Eine begleitende spirituelle Musik führt noch stärker in die Tiefe und verstärkt die Wirkung der Übungen. So werden Sie Schritt für Schritt in die wichtigsten Grundprinzipien der Liebe eingeführt, reifen in Ihrer Selbsterkenntnis und können Ihre Beziehungen in Partnerschaft und Freundschaft neu ordnen, vertiefen und intensivieren.

Selbsterkenntnis und Heilung

Die Auflösung emotionaler Energieblockaden

Jordan P. Weiss

Gebunden, 232 Seiten, 21 Zeichnungen – ISBN 978-3-928632-28-7

Die in diesem Buch dargestellte Methode „Psychoenergetics" wurde von Dr. Jordan Weiss entwickelt, einem Spezialisten auf den Gebieten Stressbewältigung, Verhaltensmedizin, Personaler Transformation und chronischer Erkrankungen. Der therapeutische Ansatz von Dr. Weiss beruht auf der Erkenntnis, dass der Mensch ein Energiefeld ist, also auch Emotionen als Energiemuster in uns existieren. Diese Methode schafft Zugang zu dem unbewussten Selbst und lässt Sie verborgene, falsche Denk- und Verhaltensmuster entdecken und auflösen, die Sie daran hindern, alle positiven Möglichkeiten des Lebens auszuschöpfen und ein glückliches Dasein zu führen. Mit den Methoden der „Psychoenergetics" können Sie lernen, Ärger, Angst und Unsicherheit freizusetzen; Blockaden zu entdecken, die Sie am Erreichen Ihrer Ziele hindern; Selbstsabotage zu eliminieren; sich von Schmerzen zu befreien; Schmerzen bei Menschen zu lindern, die Sie lieben; Liebe und Glück zu empfangen und negative Energien aufzulösen.

Gesundheit „selbst gemacht"

Wie Sie ohne fremde Hilfe mit Meridianklopfen und anderen nützlichen Methoden Ihr Wohlbefinden steigern

Verena Stollnberger

Paperback, 256 Seiten, 6 Fotos, 95 Zeichnungen – ISBN 978-3-86616-040-8

Meridiane sind Energiebahnen im menschlichen Körper, die durchlässig sein müssen, oft aber blockiert sind und den Fluss der Energie verhindern. Die daraus entstehenden Störungen im Energiesystem können zu psychischen wie körperlichen Erkrankungen führen. Mit Hilfe geeigneter Methoden lassen sich die Meridiane für das Fließen der Energie öffnen und offen halten. Dazu gehört auch das Meridianklopfen, das sich hervorragend für die Selbstanwendung eignet. Verena Stollnberger stellt diese Therapieform in ihrem praktischen, flüssig geschriebenen Buch überzeugend in jeweils zwei Schritten vor. Ihre Spielfigur ist der pfiffige Meridianus, der auf witzige Art und Weise, die schon für ältere Kinder verständlich ist, Neugier erweckt. Darauf folgt eine ausführliche, exakte und sachliche Beschreibung verschiedener Methoden des Meridianklopfens in Wort und Bild, die sich in die verschiedenen Anwendungsbereiche gliedert. Die eigentlichen Übungskapitel schließt ein knapper, stichwortartiger Kurzablauf in der Art eines Merkzettels ab. Damit gibt die Autorin dem Leser ein Werkzeug in die Hand, das auch bei hartnäckigen und chronischen Symptomen Selbstheilungsprozesse in Gang setzen kann.

Meine Hände helfen und heilen

Jin Shin Jyutsu®
Selbsthilfe für Kinder und Jugendliche

Tina Stümpfig-Rüdisser

Paperback, 120 Seiten, über 100 vierfarbige Fotos
ISBN 978-3-86616-116-0

Wenn die Energie frei im Körper fließt, fühlt sich der Mensch gesund und wohl. Energieblockaden können zu Missstimmungen, Ängsten oder Konzentrationsschwächen führen, aber auch zu organischen Störungen und Krankheiten. Mit diesem Buch, entstanden aus vielen Jin Shin Jyutsu-Selbsthilfekursen, will die Autorin speziell Kindern und Jugendlichen Möglichkeiten aufzeigen, wie sie selbst ihre Lebensenergie wieder ins Gleichgewicht bringen können, mit Ängsten, Wut, Trauer u. a. umgehen und bei verschiedenen Krankheiten ihre Selbstheilungskräfte aktivieren oder sogar bei Schulproblemen sich selbst helfen können. Mithilfe von Fotos und Erklärungen lernen sie, sich selbst eigenverantwortlich wahr- und ernstzunehmen und mit einfachen Handgriffen in Harmonie und Entspannung zu bringen, eine wertvolle Ergänzung zu herkömmlichen Heilmethoden.